Landauer Universitätsschriften

Beiträge zur
Sexualwissenschaft und Sexualpädagogik

Herausgegeben von
Univ.-Prof. Dr. Norbert Kluge

Forschungsstelle
für Sexualwissenschaft und Sexualpädagogik

Band 8

Norbert Kluge

Sexualsprache der Deutschen

Eine Erkundungsstudie über den
aktuellen sexuellen Sprachgebrauch
in West- und Ostdeutschland

KNECHT VERLAG LANDAU

Die Deutsche Bibliothek - CIP-Einheitsaufnahme

Norbert Kluge:
Sexualsprache der Deutschen : eine Erkundungsstudie über den aktuellen sexuellen Sprachgebrauch in West- und Ostdeutschland / Norbert Kluge. - 1. Aufl. - Landau : Knecht, 1997
   (Landauer Universitätsschriften : Beiträge zur Sexualwissenschaft und Sexualpädagogik ; Bd. 8)
   ISBN 3-930927-24-1
NE: Universität <Koblenz; Landau, Pfalz> / Abteilung >Landau, Pfalz>: Landauer Universitätsschriften / Beiträge zur Sexualwissenschaft und Sexualpädagogik

1. Auflage 1997
© Verlag Petra Knecht, Landau 1997. Printed in Germany. Alle Rechte auch die des Nachdrucks von Auszügen, der photomechanischen Wiedergabe und der Übersetzung vorbehalten.

INHALTSVERZEICHNIS

Vorwort	7
1. Anmerkungen zur Sprache und Sexualsprache	11
1.1 Sprachwissenschaftliche Erkenntnisse	11
1.2 Sexualwissenschaftliche Erkenntnisse	14
2. Gegenstand und Methodik der repräsentativen Befragung	19
2.1 Gegenstand und Methodik der Untersuchung	19
2.2 Soziodemographische Angaben	22
3. Untersuchungsergebnisse (Auswahl)	25
3.1 Bevorzugte Sammelbezeichnung für unerwünschte Sexualwörter	26
3.2 Einschätzung und Verwendung der Sprachebenen: Standard-, Vulgär- und Fachsprache	33
3.3 Die Sprachebenen in Abhängigkeit von drei Sprechsituationen	45
4. Zusammenhänge von Sprachebenen innerhalb einer Sprechsituation und zwischen verschiedenen Kontexten	97
4.1 Wortkombinationen von Sexualwörtern gleicher und verschiedener Sprachebenen innerhalb einer Sprechsituation	97
4.2 Wortkombinationen von Sexualwörtern gleicher und verschiedener Sprachebenen in unterschiedlichen Sprechsituationen	110
5. Erkenntnisse zur Dynamik der Sexualsprache	124
5.1 Auffällige Befunde der gesprochenen Sexualsprache	125
5.2 Ausblick und Hinweise auf die Sexualsprache einzelner Autorinnen/Autoren in der Gegenwart	127
Literatur	131
Verzeichnis der Sexualwörter	135

Vorwort

Neben den zahlreichen Gruppensprachen - wie beispielsweise Jugend-, Seemanns-, Soldaten-, Gauner-, Zuhälter-, Dirnensprache - gibt es auch die Sexualsprache, die sich gruppenübergreifend durch ihren eigenen Wortschatz ausweist, dessen Sexualwörter einzelnen Sprachebenen (Sprachformen oder Sprachschichten) verhältnismäßig leicht zugeordnet werden können.

Bekannt sind die Sprachformen der sexuellen Kinder-, Standard-, Vulgär- und Fachsprache, um in diesem Zusammenhang nur die wichtigsten zu nennen. Sexualsprache versteht sich dann als Oberbegriff, der sowohl die genannten als auch die noch zu nennenden Sprachschichten (z. B. sexuelle Knastsprache) umfaßt.

Da die menschliche Sexualität in den meisten Industriegesellschaften lange Zeit tabuisiert war und nur auf Reproduktionsaufgaben unzulässig verkürzt betrachtet wurde, sollte gemeinhin über sexuelle Fragen nicht gesprochen werden - zumindest nicht offen, direkt und eindeutig. Aus dieser gesellschaftlichen Maxime „Sprich nie über Sexuelles", die von Generation zu Generation ebenso dogmatisch wie unreflektiert weitergereicht wurde, lassen sich unschwer weitreichende Konsequenzen beobachten. So war es für Sexualwörter im allgemeinen und umgangssprachliche Ausdrücke im besonderen nicht leicht, in renommierte Nachschlagewerke aufgenommen zu werden. Ja, es kam und kommt vor, daß bereits gedruckte Vulgärausdrücke nach Protesten einiger Bildungsbürger bei einer Neuauflage rasch entfernt werden.

Wie in Tabubereichen unserer Gesellschaft überhaupt, so ist auch für nicht wenige Begriffe der Sexualsprache, insbesondere diejenigen, die der standardsprachlichen Ebene angehören, kennzeichnend, daß sie beschönigend (euphemistisch) bzw. verhüllend verwendet werden. Beispielsweise spricht man nicht gern vom „Geschlechtsverkehr", woran sicherlich auch das Wort selbst seinen Anteil hat, sondern bevorzugt die Umschreibungen „miteinander schlafen", „miteinander ins Bett gehen" oder manchmal noch in der Schriftsprache „jemandem beiwohnen". Zudem redet man sehr allgemein und stets in einem engeren Sinne von den Genitalien als „Scheide" und „Glied". Die Taktik, um das Selbstverständliche nicht beim Namen nennen zu müssen, besteht darin, bereits bekannten Wörtern eine zusätzliche Bedeutung, speziell die sexuelle Ausrichtung, anzuhängen. Insofern teilt manches Sexualwort sein Schicksal mit dem der Kuckuckseier. Aber nur durch ein solches Vorgehen des Verdeckens und Verschleierns konnten sexuelle Inhalte und Grundbegriffe erst gesellschaftsfähig werden.

Daher kommt es auch, daß infolge des Tabugebots wissenschaftliche Arbeiten zur Sexualsprache ausgesprochen rar sind, ja der Terminus „Sexualsprache" kaum benutzt wird und bekannt ist. Man wird Mühe haben, diesen Fundamentalbegriff in allgemeinen Nachschlagewerken und in der Fachliteratur überhaupt, geschweige denn hinreichend definiert vorzufinden.

Trotz dieser ungünstigen Voraussetzungen ist es jedoch heute notwendig, sich den sprach- und sozialwissenschaftlichen Fragestellungen der Sexualsprache intensiv zuzuwenden, da die in unserer Gesellschaft gegenwärtig diskutierten Probleme wie u. a. die Immunschwäche-Krankheit AIDS, sexuelle Gewalt im sozialen Nahbereich dazu herausfordern. Denn wer über sexuelle Fragen ungeniert und offen zu sprechen gelernt hat, besitzt bereits ein bedeutsames Instrument, den mit der Sexualität im Zusammenhang stehenden Problemen entweder präventiv zu begegnen oder sie sogar eher als andere Menschen wirksam lösen zu können.

Mit der in diesem Buch vorgestellten Erkundungsstudie soll zumindest in sozial- und sexualwissenschaftlicher Hinsicht der Anfang gemacht werden, Erkenntnisse für den zentralen Forschungsbereich des Verhältnisses von sexuellen Sprachebenen und unterschiedlichen Sprechsituationen zu gewinnen.

Darüber hinaus dürften Einzelergebnisse des aktuellen Gebrauchs von Sexualwörtern in ihrer Kontextabhängigkeit der vorgegebenen Sprechsituationen aufschlußreich sein.

Mit Bedacht wurde beim Titel dieses Buches auf den Artikel verzichtet. Nicht „die", sondern „Sexualsprache" mit einigen ausgewählten Variablen war der untersuchte Forschungsgegenstand.

Daß eine solche Untersuchung ohne größere Schwierigkeiten und auf repräsentativer Basis möglich war, verdanke ich der guten Zusammenarbeit mit dem EMNID-Institut (Bielefeld), vor allem dem Geschäftsführer, Herrn Klaus-Peter Schöppner, und Frau Isolde Thiem. Bei der statistischen Auswertung der Rohdaten haben mich Herr Privatdozent Dr. Bernhard Wolf und seine Mitarbeiterin, Frau Andrea Stuck, von der Universität Landau tatkräftig unterstützt.

Mögen von dieser Arbeit, die bewußt in der Diktion eines detaillierten Forschungsberichtes abgefaßt wurde, weitere Impulse für Wissenschaft, Politik und Medien ausgehen. Einfach wird es nicht sein, die Ideen und Ergebnisse des angesprochenen Themenbereichs gesellschaftlich bedeutsam umzusetzen. Denn allzu vielen Zeitgenossen erscheint schon das Nachdenken über Sprachstrukturen des Sexuellen als ein Sakrileg und deshalb u. a. mit öffentlichen Mitteln nicht förderungswürdig.

Landau, im Sommer 1996   Norbert Kluge

1. Anmerkungen zur Sprache und Sexualsprache

Des Menschen Sprache ist in ihren vielfältigen Erscheinungsformen ein bevorzugtes Mittel der Information und gedanklichen Klärungsprozesse, der zwischenmenschlichen Auseinandersetzung und Verständigung. Sie gilt im anthropologischen Verständnis als ein von jedem Individuum bevorzugtes Instrument, sinnlich Wahrgenommenes, aber auch Erdachtes und Fiktives möglichst präzise darzustellen. Wer spricht, bedient sich in der Regel der Lautsprache. Sie ist als ein System akustisch wahrnehmbarer Zeichen anzusehen, die in Wörtern und Sätzen kontextgebunden zum Ausdruck kommen. Erst dort, wo sie im besonderen Maße beeinträchtigt ist oder gar ausfällt, greift man zur Zeichen- oder Gebärdensprache. Manchmal (z. B. bei Textanalysen) ist es sinnvoll, zwischen dem gesprochenen und geschriebenen Wort streng zu unterscheiden. Die gesprochene Sprache wird im Mittelpunkt der folgenden Ausführungen stehen. Dabei wird vornehmlich auf sprachwissenschaftliche Erkenntnisse Bezug genommen, soweit sie für das Theoriemodell der Sexualsprache von Bedeutung sind.

1.1 Sprachwissenschaftliche Erkenntnisse

Die Sprache ist nach E. Albrecht (1991, 246) als „eine äußerst komplizierte Einheit kognitiver, kommunikativer und expressiver Strukturen" aufzufassen. Unter den Sprachwissenschaftlern herrscht Einigkeit darüber, daß die gesprochene der geschriebenen Sprache nicht nur vorausgeht, sondern die letztere der ersteren auch untergeordnet bleibt. Überdies wird die Sprache insgesamt weder als ein gegebenes Naturphänomen noch als etwas allein von Menschenhand Geschaffenes angesehen. Vielmehr ist sie heute als „ein Phänomen der dritten Art" zu betrachten, so daß ein Sprachverständnis gefunden wird, „ das dem ewigen Wandel der Sprache gerecht wird" (Keller, R. 1994, 85). Sprachwandel und Sprache werden zwar in hohem Maße von Menschen beeinflußt. Beide sind aber nicht auf menschliche Zielsetzungen und Zwecke angewiesen. Sie existieren unabhängig davon. Sprache stellt sich somit nicht als Artefakt dar, sondern als noch etwas anderes, eben als „Phänomen der dritten Art".

Der Sprachgebrauch zeigt sich in mehreren Sprachschichten oder -ebenen. Über die Systematik und die Auswahl der einzelnen Sprachebenen vermittelt die Sprachwissenschaft (Linguistik) kein einheitliches Bild. Einerseits wird die „Literatursprache" als Schrift-, Hoch- oder Einheitssprache in den Mittelpunkt der Klassifizierung einzelner Sprachschichten gerückt (vgl. Serébrennikow u.a., Bd. 1, 1975, 412 ff.). Andererseits dient die „Standardsprache" als Ausgangspunkt und Oberbegriff für andere Sprachschichten wie Umgangssprache, Fachsprache und Schriftsprache, die allesamt der gesprochenen Sprache (Stile, Slang, Gemein-, Vulgärsprache) gegenübergestellt werden (vgl. Keller, R. E. 1995, 21).

Wenn zwischen gesprochener und geschriebener Sprache - wie bereits erwähnt - zu unterscheiden ist und das gesprochene Wort im Zentrum unserer Ausführungen stehen wird, so liegt es nahe, bei weiteren Überlegungen insbesondere die gesprochene Sprache im Blick zu haben.

Es verwundert nicht, daß auch bei den Ansätzen zu einer Theorie der gesprochenen Sprache die Standardsprache eine Schlüsselstellung einnimmt. Bei Schank/Schoenthal (1976, 14 ff.) wird die Standardsprache definiert „über Merkmale, die den Sprecher, die Sprechsituation sowie die kommunikative Reichweite dieser Sprachform betreffen". Ein solcher Begriff könne auch, so betonen die beiden Sprachwissenschaftler, mit dem konkurrierenden Ausdruck „Einheitssprache" synonym verwendet werden. Daneben werden noch die Umgangs- und Alltagssprache genannt.

H. Henne (1986, 216 ff.) kommt über die Jugendsprachforschung zu einer umfassenderen Systematik einzelner Sprachebenen. Während auch hier die Standardsprache den Ausgangs- und zugleich Mittelpunkt aller anderen Sprachschichten darstellt, werden sekundär die Literatursprache, die Mundarten, Umgangs-, Gruppen- und Fachsprachen genannt. Damit hat sich die Palette der Sprachformen erweitert. Die Standardsprache wird als zentrale Sprachebene in der verbalen Kommunikation bestätigt, die vor allem in öffentlichen Sprechsituationen ihre Bedeutung für Sprecher und Anzusprechende hat. Verschafft man sich einen Überblick über die behandelten Sprachformen in den neueren Nachschlagewerken (u. a. Lexika), so werden z. B. in „Das neue Duden-Lexikon" Mundart, Umgangs- und Hochsprache genannt.

Die Mundart (Dialekt) wird als ursprüngliche Sprachschicht innerhalb einer Region bezeichnet, die sich allerdings durch Besonderheiten des Wortschatzes, der Phonetik oder auch der Grammatik auszeichnet. Ein positives Merkmal ist ihr Reichtum an bildhaften Ausdrücken, ein negatives Merkmal das Fehlen „einer gewissen geistigen Differenzierung" (Das neue Duden-Lexikon, Bd. 4, 1989, 2607).

Zwischen Mundart und Hochsprache nimmt die Umgangssprache eine Mittelstellung ein. Mit der Mundart hat sie gemeinsam, daß auch ihr bildhafte, metaphorische, saloppe und Kraftausdrücke angehören. Sie hat heute nur noch die Bedeutung einer Zweitsprache.

Von der Hochsprache erwartet man, daß sowohl mundartliche wie umgangssprachliche Wörter vermieden werden. Statt dessen ist sie regional unabhängig sowie in ihrer Aussprache und Grammatik an vorgegebene Normen gebunden.

Die Fachsprache hebt sich von der Hochsprache insbesondere durch ihren Wortschatz ab, der meistenteils nur Insidern bekannt ist. Die Fachausdrücke haben den kaum zu leugnenden Vorteil, daß sie den Sachverhalt bzw. den Begriff eindeutig beim Namen nennen und beispielsweise zur Klarheit und Prägnanz der Wissenschaftssprache beitragen. Die Fachsprachen lassen sich am besten den sachorientierten Sondersprachen zuordnen.

Zur Gruppe der Sondersprachen kann mit Recht auch die Sexualsprache gerechnet werden. Wodurch zeichnet sie sich aus und welche Sprachschichten treten bei ihr besonders hervor?

1.2 Sexualwissenschaftliche Erkenntnisse

Am Anfang ist zu konstatieren, daß die Fachleute (z. B. Sprachwissenschaftler, Linguisten) sich kaum um die Erforschung der Sexualsprache bemüht haben. So bemerkt J. D. Skinner (1995, 99) in seinem Aufsatz „Prolegomena zu einem Wörterbuch der Homosexuellen": „Verglichen mit den Untersuchungen im Bereich des sexuellen Wortschatzes in anderen Sprachen, ist die Zahl der einschlägigen Arbeiten im Deutschen gering". Dennoch lassen sich vor dem Hintergrund der wenigen Untersuchungen einige Grunderkenntnisse formulieren.

In unserer Gesellschaft ist die Sexualsprache immer noch mit einem unverkennbaren Tabu belegt. Insbesondere die Vulgär- oder Umgangssprache stößt im öffentlichen Bewußtsein auf ungeahnt große Schwierigkeiten. Vulgärausdrücke gelten als obszön oder derb und sind möglichst zu unterlassen. H. Liebschs (1994, 71) optimistischer Titel eines Sammelbeitrages ist daher noch keine allseits anzutreffende Realität, wenn er behauptet: „Der Tabuwortschatz ist nicht mehr tabu". Vielmehr gibt es in jüngster Zeit manchen Hinweis, daß Sprecher oder Schriften die nur einige wenige Vulgärausdrücke verwenden bzw. enthalten, zum Ziel nicht gerade anspruchsvoller Kritik und zum Gegenstand aggressionsgeladener Kampagnen gesellschaftlicher Gruppen werden.

Ein besonders eindrucksvolles Beispiel bietet die herausgegebene Dokumentation von P. Sabo und R. Wanielik: „LET'S TALK ABOUT SEX - eine sexualpädagogische Schrift als Streitobjekt" (1994), die das bundesweite Echo auf eine Jugendbroschüre enthält. Das Printmedium war vor allem wegen einiger Vulgärausdrücke - meistens in Statements der Jugendlichen - in die Schlagzeilen geraten und von Repräsentanten konservativer Gruppen heftig attackiert worden. Vulgär- und Umgangssprache müssen nicht identisch sein. Es gibt häufig fließende Übergänge zwischen beiden Sprachformen.

Vermag der Streit über die jeweils der Sprechsituation angemessene Sprachform noch in der Weise fruchtbar zu sein, daß wenigstens über die Angemessenheit der sexualsprachlichen Ausdrücke diskutiert wird und die Diskussionsteilnehmer/-innen zum Nachdenken gezwungen werden, so ist auf den ersten Blick manchen standardsprachlichen Sexualwörtern nicht anzumerken, daß sie im Grunde das sexualsprachliche Tabu weiter verstärken. Lexeme wie „miteinander schlafen", „Vater-/Mutterschaft", „Scheide", "Glied" sprechen den Sachverhalt nur indirekt in einem bestimmten Kontext an. Die Sexualsprache bedient sich hier und bei anderen Ausdrücken bereits bekannter Wörter, um ihnen die eigenen Begriffe anzuhängen und so die sexuellen Bedeutungen nicht zu offensichtlich in Erscheinung treten zu lassen, sie also nicht direkt beim Namen nennen zu müssen.

Man kann diese Vorgehensweise auch als ein Akt des Verharmlosens und vor allem Schönredens nennen, der in der Sprachwissenschaft als Euphemismus bezeichnet wird. Beispiele für euphemistisch verwendete Ausdrücke lassen sich insbesondere in Tabubereichen (z. B. Sexualität, Krankheit, Tod) vermehrt auffinden. Mit der gleichen Absicht verwendet man auch die sogenannten „Hüllwörter", die aufgrund der allgemeinen Wortwahl den eigentlichen Sachverhalt nur verhüllt und verschleiert ansprechen, weil man über die Dinge nicht so offen und direkt (Wasserlassen für pinkeln) sprechen soll (vgl. Kluge, F. 1995, XXV).

Hinter diesem Vorgehen verbirgt sich die seit den Griechen bekannte Taktik, etwas, was unheimlich und bedrohlich wirkt, wenigstens sprachlich wohlwollend positiv zu benennen, in der Hoffnung, daß dadurch die negative Einstellung zum Guten gewendet wird.

Neben der Standard-, Umgangs- und Vulgärsprache verfügt die Sexualsprache auch über eine Reihe fachsprachlicher Ausdrücke. Die Termini sind meistens lateinischer Herkunft, d. h. die Wörter oder Wortteile lassen sich auf Ausdrücke der lateinischen Sprache zurückführen. Vagina, Penis, Koitus oder Sexualakt sind solche Fachbegriffe. Vorteil des Gebrauchs von Fachbezeichnungen ist, daß sie eindeutig definiert sind und daher den Fachleuten die rasche und klare Verständigung ermöglichen. Der

Nachteil ist darin zu sehen, daß die Fachsprache vor allem ein Verständigungsmittel der Insider bleibt und auf Nichtfachleute eher distanzierend und unverständlich wirkt. Einzelne sexuelle Fachwörter vermögen allerdings bei einigen Sprechern beliebt zu sein, nicht zuletzt deshalb, um durch deren Gebrauch nicht direkt sagen zu müssen, was standardsprachliche Begriffe allzu offen zum Ausdruck bringen würden.

Außer den vier genannten Formen der Sexualsprache ist noch eine weitere, die „Kindersprache", hinzuzufügen. Allein schon deswegen ist dies notwendig, weil die kindersprachlichen Ausdrücke in der frühen Kindheit im Gespräch zwischen Eltern und Kindern, Erzieherinnen und Kindergartenkindern bevorzugt gewählt werden. So wird aus dem männlichen Glied ein „Pillemann", aus dem weiblichen Genitale die „Muschi" oder aus dem Hodensack das „Hodensäckchen". Der Gebrauch dieser Begriffe wird von der Gesellschaft nur für kurze Zeit toleriert. Grundschüler/-innen wissen bereits, daß man solche „kindischen" Ausdrücke am besten nicht mehr verwendet, um nicht von der unmittelbaren Umgebung ausgelacht oder sanktioniert zu werden. Die Zahl der kindersprachlichen Ausdrücke ist überschaubar. In der Regel sind sie Synonyme für das weibliche oder männliche Genitale. Insgesamt sind somit fünf Formen der Sexualsprache angesprochen worden. Daß es darüber hinaus noch einige andere gibt, die nicht zuletzt in den Sondersprachen gefunden werden können, versteht sich von selbst.

Zusammenfassend soll auf einige elementare Voraussetzungen und Einflußfaktoren gesprochener Sprache aufmerksam gemacht und im Schaubild (s. Abb. 1) verdeutlicht werden.

Errata

Leider wurden bei Drucklegung die beiden Abbildungen vertauscht.
Richtigstellung:
S. 17, Abb. 1: Formen der Sexualsprache und Einflußfaktoren

Abb. 1 : Formen der Sexualsprache und Einflußfaktoren

BL	F 1a			F 1b**			F 1c**			F 2a**			F 2b*			F 2c			F 3a**			F 3b**			F 3c*		
12/16	V	S	F	V	S	F	V	S	F	V	S	F	V	S	F	V	S	F	V	S	F	V	S	F	V	S	F
Nord				-												-			+	-					-		
NRW		+					+						-	+													
HE		+		-	+					-	+		+	-		+	-		-	+			+			-	
RP/SAL	-	+	-	-			+	-	+										+	-	-	+			-	+	-
BW				+	-					-	+		-	+					-								
BY				-			+	-											-	+	-						
B	+	-		+			-	+	-	+	-		+	-		+	-		-	+		+					
BB				+	-		-	+		+	-		+	-		-	+			+							
MV	-	+		-	+	-	+			+	-		+	-		-	+		+	-		-	+		-	+	
SN										+	-								+	-							
SA				+	-		-				-								+	-		-	+		-		
TH	+						-			+	-								+	-		+					
Sprech-situation	Familie									Freunde/Bekannte									Öffentlichkeit								

* = p<.05   V = Vulgärsprache   F = Fachsprache   + = überdurchschnittlich
** = p<.01   S = Standardsprache   Nord: HB, HH, NS, SH   - = unterdurchschnittlich

F 1a/V: Möse
F 1a/S: Scheide
F 1a/F: Vagina

F 1b/V: Schwanz
F 1b/S: Glied
F 1b/F: Penis

F 1c/V: ficken
F 1c/S: miteinander schlafen
F 1c/F: kohabitieren

F 2a/V: Bohne
F 2a/S: Kitzler
F 2a/F: Klitoris

F 2b/V: Sack
F 2b/S: Hodensack
F 2b/F: Skrotum

F 2c/V: vögeln
F 2c/S: miteinander ins Bett gehen
F 2c/F: koitieren

F 3a/V: Düse
F 3a/S: Scham
F 3a/F: Vulva

F 3b/V: Eier
F 3b/S: Hoden
F 3b/F: Testes

F 3c/V: bumsen
F 3c/S: Liebe machen
F 3c/F: Sexualakt

Menschen, die miteinander sprechen, befinden sich stets in einer sozialen Interaktion, die von zahlreichen Einflußmerkmalen wie Institutionen, sozialen Gruppen, Beziehungen und nicht zuletzt von der Persönlichkeit des sprechenden Individuums bestimmt wird. Als übergreifende Instanz ist die Gesellschaft anzusehen, in der der einzelne lebt. Person 1 interagiert mit Person 2 oder mit mehreren Personen. Als weitere Variable ist die jeweilige Sprechsituation anzusehen, die über den Kontext von Aussagen Aufschluß gibt. Im Zusammenhang damit steht auch die Wortwahl der Sprechenden, die schließlich einer spezifischen Sprachebene zugerechnet werden kann. Bei der Sprache allgemein werden Mundart, Umgangssprache, Hochsprache, Fachsprache angegeben, wobei noch auf andere Sprachformen zu verweisen ist, die nicht mehr im Schaubild angegeben sind. Als Formen der Sexualsprache werden herausgestellt: Kindersprache, Vulgärsprache, Umgangssprache, Standardsprache, Fachsprache.

Für die verbale Kommunikation von elementarer Bedeutung ist die Klärung der Frage, ob die soziale Interaktion der Sprechenden unter symmetrischen oder asymmetrischen Bedingungen verläuft. Hierbei spielen sicherlich Aspekte des Reifungsgefälles (Alter, Kompetenzen, Status, Informationsstand, Erfahrungen u. a.) eine entscheidende Rolle. Beziehungen zwischen Eltern und Kindern, Erzieherinnen und Kindergartenkindern, Lehrkräften und Schülerinnen/Schülern beruhen daher stets auf asymmetrischer Grundlage. Freundschaften zwischen Gleichaltrigen, kameradschaftliche Verbindungen in der Schulklasse sind beispielsweise als symmetrisch einzuschätzen. Die Symmetrie oder Asymmetrie einer Kommunikation hat direkte Auswirkungen auf Wortwahl und Sprachebene sowie auf Semantik und Stilistik im Kontext einer konkreten Sprechsituation.

Gemäß der Bedeutung dieser Einflußgröße wurden die Sprechsituationen im Fragebogen unserer Untersuchung unterschiedlich vorgegeben: als sprachliche Rahmenbedingungen in Familie, Freundes-/Bekanntenkreis und Öffentlichkeit. Über die Methodik, Durchführung und die Einzelergebnisse der Erkundungsstudie wird in den folgenden Kapiteln berichtet.

2. Gegenstand und Methodik der repräsentativen Befragung

Bei allen Bemühungen in sexualaufklärerischer und sexualerzieherischer Hinsicht kommt es entscheidend auf die Wahl der dem jeweiligen Kontext angemessenen Sprachform an, wenn das Sprechen über sexuelle Fragen nicht von Anfang an unnötigen Belastungen ausgesetzt sein soll. Dies gilt in besonderem Maße für Gespräche über Sexualität in der Öffentlichkeit (z. B. Kindergarten, Schule, Krankenhaus, Beratungsstellen, Diskussionsrunden). Wenn der Sprecher/die Sprecherin die von der Gesellschaft nicht akzeptierten Sexualwörter (z. B. kinder-, vulgärsprachliche Ausdrücke) verwendet, so muß auch heute noch mit raschen und z. T. massiven Sanktionen gerechnet werden. Im Zeitalter von AIDS und hinsichtlich anderer gesellschaftlicher Probleme wie beispielsweise sexueller Mißbrauch in Familien, Gewaltpornographie, unerwünschte Teenagerschwangerschaften ist es bei Präventions- und Interventionsmaßnahmen ratsam, das sexuelle Vokabular zu gebrauchen, das von den Gesprächspartnern und Gesprächspartnerinnen mehrheitlich erwartet bzw. toleriert wird.

Deshalb ist es notwendig, die Sexualsprache in unserer Bevölkerung in Abhängigkeit einzelner Sprechsituationen wissenschaftlich zu untersuchen mit dem Ziel, die Wahl einzelner Sprachschichten und Sexualwörter in vorgegebenen Sprechsituationen festzustellen oder auch im Anschluß daran auf regionale, geschlechtsspezifische und bildungsabhängige Merkmale aufmerksam zu machen. Die Ergebnisse solcher Detailerkenntnisse könnten nicht nur den Sprechenden, sondern auch den Verfasserinnen und Verfassern von Aufklärungsbüchern sowie Autorinnen und Autoren von sexuell orientierten Informationssendungen (Rundfunk, Fernsehen) von Nutzen sein.

2.1 Gegenstand und Methodik der Untersuchung

In Zusammenarbeit mit dem Projektbereich Empirische Sozialforschung des EMNID-Instituts (Bielefeld) wurde Anfang 1995 eine für Deutschland repräsentativ geltende

Befragung durchgeführt. Sie sollte im Rahmen einer Erkundungsstudie darüber Aufschluß geben, welche Sprachformen in einzelnen Sprechsituationen von den Befragten verwendet werden. Demzufolge stand nicht so sehr das jeweilige Sexualwort einer Sprachebene im Vordergrund des Forschungsinteresses, sondern die drei ausgewählten Sprachschichten: Standard-, Vulgär- und Fachsprache. Insgesamt 27 sexualsprachliche Ausdrücke repräsentieren die drei Sprachebenen in drei verschiedenen Sprechsituationen: Familie, Freunde/Bekannte und Öffentlichkeit. Die Interpretation dieser Befragungsergebnisse bleibt, wenn eine der drei genannten Sprechsituationen vorgegeben war, auf den jeweiligen Kontext beschränkt.

Um hinreichend Ausdrücke der drei Sprachformen und Sprechsituationen zur Verfügung zu haben, wurden synonyme Bezeichnungen einiger Geschlechtsmerkmale bzw. -organe und des Geschlechtsverkehrs ausgewählt. Die Auswahl der einzelnen Begriffe war hinsichtlich des Forschungsdesigns notwendig begrenzt. Die hier vorgenommene Zuordnung der 27 Sexualwörter bedingt, daß die Ausdrücke nur im jeweiligen Kontext der Sprechsituation interpretiert werden können. Andere Zuordnungsmöglichkeiten wären ebenso denkbar gewesen. Tabelle 1 vermittelt einen Überblick über die Zuordnung der einzelnen Sexualwörter

Tab. 1: Zuordnung der ausgewählten Sexualwörter zu Sprachformen und Sprechsituationen

Sexualwörter	Sprechsituationen		
Sprachformen	Familie	Freunde/Bekannte	Öffentlichkeit
Standardsprache	Scheide Glied miteinander schlafen	Kitzler Hodensack miteinander ins Bett gehen	Scham Hoden Liebe machen
Vulgärsprache	Möse Schwanz ficken	Bohne Sack vögeln	Düse Eier bumsen
Fachsprache	Vagina Penis kohabitieren	Klitoris Skrotum koitieren	Vulva Testes Sexualakt

Darüber hinaus sollte unabhängig von Sprechsituationen herausgefunden werden, welche Wertschätzung die drei Sprachformen bei den Befragten genießen bzw. ihnen mißfallen oder ob die vulgärsprachlichen Begriffe trotz mangelnder gesellschaftlicher Akzeptanz dennoch verwendet werden. Ein weiteres Ziel war es, zu klären, welche Sammelbezeichnung die gesellschaftlich verpönten und weniger akzeptierten Sexualwörter von den verschiedenen Befragtengruppen bevorzugt werden. Hier standen vier Alternativen zur Auswahl: Umgangssprache, Gossensprache, Vulgärsprache, Fäkalsprache. Alle neun Begriffe einer Sprachform wurden der Eindeutigkeit der Fragestellung wegen noch einmal einzeln genannt. Die Personen, die an der Befragung teilnahmen, wußten also genau, von welchen Sexualwörtern die zu bezeichnende Sprachschicht repräsentiert wurde.

Schließlich sollte in einer offenen Frage des Fragebogens den Befragten die Möglichkeit eingeräumt werden, Sexualwörter zu nennen, die sie selbst häufig verwenden, aber im Fragebogen nicht vorkamen. Hiermit sollte überprüft werden, ob allgemein verständliche Bezeichnungen der Sexualsprache ausgesucht worden waren oder die in der Fachliteratur bekannten Ausdrücke durch unbekannte Begriffe ergänzt werden können. Gemutmaßt wurde, daß bei einem Vergleich der genannten Ausdrücke auch Unterschiede zwischen West- und Ostdeutschland festzustellen seien.

Insgesamt enthielt der Fragebogen sieben geschlossene Fragen und eine offene Frage. Er wurde den Adressaten im Rahmen der Mehrthemenbefragungen im geschlossenen Briefumschlag übergeben und von den Befragten persönlich ausgefüllt. Danach wurde er verschlossen an die Interviewer/-innen zurückgegeben. Ein von der Forschungsstelle für Sexualwissenschaft und Sexualpädagogik der Universität Landau verfaßtes Begleitschreiben informierte über die Zielsetzungen der Untersuchung und warb um Mitarbeit. In West- und Ostdeutschland wurden die Fragebögen über 210 sample points des ADM-Master-Samples und somit über alle alten und jungen Länder sowie Ortsgrößenklassen verteilt. Innerhalb der sample points erfolgte die Auswahl nach dem Random-Route-Verfahren, d. h. die Auswahl von Zielhaushalten und innerhalb dieser Haushalte der Zielpersonen nach den Prinzipien der Zufallsauswahl. Zusätzlich hatten die Interviewer/-innen noch Richtlinien zu berücksichtigen, die möglicherweise mit dem Random-Verfahren verbundene, nicht-statistische Fehlerquellen ausschließen.

Die Auswahl der 27 Sexualwörter erfolgte unter Hinzuziehung von Lexika und Werken der Fachliteratur (u. a. Kluge, F. 1989, Borneman 1978, 1991, Hunold 1978, Küpper 1963-1970). Da umgangs- und vulgärsprachliche Ausdrücke regional unterschiedlich verwendet werden können, war vor der Befragung nicht abzusehen, ob in allen 16 Bundesländern die genannten Begriffe in ihrer speziellen Bedeutung als bekannt vorausgesetzt werden konnten. Wie dem Gesamtergebnis der Befragung zu entnehmen ist, lassen sich zwar anhand der Daten regional unterschiedliche Häufigkeiten einzelner Vulgärausdrücke feststellen, ein Totalausfall bei einem ausgewählten Sexualwort wurde jedoch nicht registriert.

Die von EMNID aus den über 1.500 auswertbaren Fragebögen bei 14- und bis über 70jährigen Befragten erhobenen Rohdaten wurden für die vorliegende Gesamtdarstellung der Untersuchung mit dem sozialwissenschaftlichen Statistikprogramm SPSS für Windows (Version 6.1) ausgewertet. Zusammenhänge zwischen einzelnen Fragestellungen konnten mit Hilfe von Kreuztabellen gefunden werden. An der statistischen Bearbeitung der Befragungsergebnisse waren PD Dr. B. Wolf und Frau A. Stuck (Universität Landau) maßgeblich beteiligt.

2.2 Soziodemographische Angaben

Im folgenden werden einige Daten zur Soziodemographie der Untersuchung mitgeteilt, soweit sie als Hintergrund für die zu berichtenden Einzelergebnisse von Interesse sind.

Die Grundgesamtheit der Untersuchung bildet die jugendliche und erwachsene Bevölkerung in der Bundesrepublik Deutschland im Alter von 14 und mehr Jahren.

Das Geschlecht der Befragten verteilt sich wie folgt:

* Mädchen/Frauen: 48 %
* Jungen/Männer: 52 %

Die Altersgruppen der Stichprobe sind vertreten:
* 14 - 19 Jahre: 8 %
* 20 - 29 Jahre: 21 %
* 30 - 39 Jahre: 21 %
* 40 - 49 Jahre: 17 %
* 50 - 59 Jahre: 17 %
* 60 - 69 Jahre: 10 %
* 70 + Jahre: 6 %

Die Befragten machten über ihre Schulbildung folgende Angaben:
* Volks-/Hauptschulabschluß ohne Lehre: 12 %
* Volks-/Hauptschulabschluß mit Lehre: 39 %
* Weiterbildende Schulformen (ohne Abitur): 32 %
* Abitur/Studium: 16 %

Die Interviewten lassen sich den einzelnen Ortsgrößen (BIK - Stadtregionen) zuordnen:
* bis unter 5.000 Einwohner: 12 %
* 5.000 - unter 20.000 Einwohner: 14 %
* 20.000 - unter 100.000 Einwohner: 14 %
* 100.000 - unter 500.000 Einwohner: 17 %
* 500.000 und mehr 42 %

Die 16 Länder sind in der Stichprobe vertreten:
Ländergebiete West (Nielsen I - Va)
* Schleswig-Holstein: 2 %
* Hamburg: 1 %

* Niedersachsen: 10 %
* Bremen: 1 %
* Nordrhein-Westfalen: 21 %
* Hessen: 8 %
* Rheinland-Pfalz: 5 %
* Saarland: 1 %
* Baden-Württemberg: 14 %
* Bayern: 14 %
* Berlin-West: 1 %

Ländergebiete Ost (Nielsen Vb-VII)
* Berlin-Ost: 2 %
* Mecklenburg-Vorpommern: 2 %
* Brandenburg: 4 %
* Sachsen-Anhalt: 5 %
* Sachsen: 5 %
* Thüringen: 2 %

Die angegebenen Prozentwerte orientieren sich an den Angaben des Statistischen Jahrbuchs 1994 für die Bundesrepublik Deutschland. Für die Ortsgrößen wurden die BIK-Stadtregionen und für die Ländergebiete die Einteilung nach Nielsen I bis VII zum Ausgangspunkt genommen.

3. Untersuchungsergebnisse (Auswahl)

Aus der Vielzahl der Befragungsbefunde wird auf den folgenden Seiten über einige auffällige Erkenntnisse berichtet. Die wichtigsten Daten sollen in Tabellen zusammengestellt oder in Abbildungen (Grafiken) veranschaulicht werden.

Zunächst gilt es, die Fragen zu klären, welche Sammelbezeichnung für gesellschaftlich unerwünschte Sexualwörter von den Befragten gewählt wird. Die Interviewten hatten sich für eine der vier genannten Begriffe zu entscheiden.

In einem weiteren Kapitel wird über die Wertschätzung der drei Sprachformen, Standard-, Vulgär- und Fachsprache, unabhängig von den Sprechsituationen aus der Sicht einzelner Befragtengruppen informiert.

Das folgende Kapitel behandelt einige Fragestellungen, die sich aus der Sicht der drei Sprachebenen in den drei konkreten Sprechsituationen, Familie, Freunde/Bekannte, Öffentlichkeit, ergeben. Hier kann einmal auf kontextabhängige Sexualwörter und auf einige kontextübergreifende Zusammenhänge, zum anderen auf die Bedeutung der jeweiligen Sprachform eingegangen werden.

Auf die Zusammenstellung der Sexualwörter, die von den Befragten in West- und Ostdeutschland in einer offenen Frage zusätzlich genannt worden sind, kann im Rahmen der vorliegenden Schrift nicht mehr eingegangen werden. Sie sind insgesamt gesehen der Umgangs- oder Vulgärsprache zuzuordnen. Ihre Bedeutung ist nicht selten auf einzelne Regionen des deutschen Sprachraums begrenzt.

15 Prozent der Befragten vermißten definitiv keine Ausdrücke im Fragebogen, die sie selbst häufig im Zusammenhang von Liebe und Sexualität verwenden. 75 Prozent machten hierzu keine Angaben. Lediglich 9 Prozent der Stichprobe nannten weitere Sexualwörter der bekannten Sprachformen, allerdings auch solche, die bereits im Fragebogen vorkamen. Drei Viertel der befragten Personen hielten es also nicht für notwendig, zusätzliche Sexualwörter aus subjektiver Sicht zu nennen.

3.1 Bevorzugte Sammelbezeichnung für unerwünschte Sexualwörter

Im Rahmen einer öffentlichen und möglichst sachlich geführten Diskussion ist es von entscheidender Bedeutung, wie die gesellschaftlich nicht tolerierten Sexualwörter zusammenfassend angesprochen werden sollen. Vor der Befragung mußte davon ausgegangen werden, daß einigen Zeitgenossen weder die Bezeichnung „Umgangssprache" noch „Fäkalsprache" angemessen erscheint. Den Befragten wurden vier Sammelbezeichnungen zur Wahl gestellt. Für eine hatten sie sich zu entscheiden.

Die Frage lautete: „Wie würden Sie die genannten Ausdrücke (Möse, Schwanz, ficken, Bohne, Sack, vögeln, Düse, Eier, bumsen) zusammenfassend bezeichnen: als Umgangssprache, Gossensprache, Vulgärsprache, Fäkalsprache?".

Das Ergebnis der Antworten ist eindeutig. In der Gesamtstichprobe (n = 1.577) wurden aufgrund der ermittelten Prozentwerte folgende Begriffe präferiert:
- Vulgärsprache: 41,9 %
- Umgangssprache: 30,1 %
- Gossensprache: 24,0 %
- Fäkalsprache: 4,0 %

Abb. 2: Sammelbezeichnungen für unerwünschte Sexualwörter

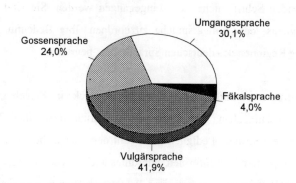

Somit (s. Abb. 2) sprechen sich zwei Fünftel der Stichprobe für die Bezeichnung „Vulgärsprache", knapp ein Drittel für die der „Umgangssprache" und schließlich ein Viertel für die der „Gossensprache" aus. Der Ausdruck „Fäkalsprache" mit einem Anteil von 4 Prozent spielt so gut wie keine Rolle und wird von dem größten Teil der Probanden abgelehnt. Sicherlich ist diese Bezeichnung unter den vorgeschlagenen Begriffen die ordinärste. Er wird auch heute nur noch in bestimmten Auseinandersetzungen unter strategischen Gesichtspunkten eingesetzt. Insgesamt 72 Prozent der Stichprobe bevorzugen entweder den Begriff der Vulgär- oder Umgangssprache.

Zwischen West- (n = 1.036) und Ostdeutschland (n = 541) ergibt sich bei den beiden Bezeichnungen „Umgangs"- und „Vulgärsprache" ein beachtenswerter Unterschied ($p < 0,01$). Während die Westdeutschen insbesondere den Sammelbegriff „Umgangssprache" (32,8 %/25,1 %) bevorzugen, entscheiden sich die Ostdeutschen eher für den Ausdruck „Vulgärsprache" (46,8 %/39,3 %). Somit liegt das Votum der ostdeutschen Befragten noch fünf Prozentpunkte über dem Gesamtergebnis der Stichprobe.

Betrachtet man die Bevorzugung der Sammelbezeichnungen für unerwünschte Sexualwörter unter geschlechtsspezifischem Aspekt, so zeigen sich weitere statistisch signifikante Unterschiede ($p < 0,01$).

Abb. 3: Sammelbezeichnungen für unerwünschte Sexualwörter

Bezugsstichprobe Geschlecht

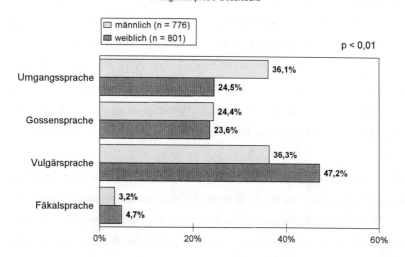

Während Mädchen und Frauen sich eher für den Ausdruck „Vulgärsprache" (47,2 %) aussprechen, entscheiden sich Jungen und Männer zu fast gleichen Anteilen für „Vulgär"- (36,3 %) und „Umgangssprache" (36,1 %). Beim weiblichen Geschlecht liegen dagegen die Bezeichnungen „Umgangssprache" (24,5 %) und „Gossensprache" (23,6 %) dicht beieinander. Etwa ein Viertel des männlichen Geschlechts (24,4 %) bevorzugt „Gossensprache" als Sammelbezeichnung für unerwünschte Begriffe der Sexualsprache. Ein kleiner Unterschied läßt sich an den Prozentwerten der „Fäkalsprache" ablesen. Frauen (4,7 %) favorisieren diesen Begriff ein wenig häufiger als Männer (3,2 %).

Aus der Abbildung 3 läßt sich folgende Rangfolge ablesen und in Beziehung zu den Ergebnissen der Gesamtstichprobe setzen:

Rangfolge

Geschlecht: weiblich		Total
1. Vulgärsprache:	47,2 %	41,9 %
2. Umgangssprache:	24,5 %	30,1 %
3. Gossensprache:	23,6 %	24,0 %
4. Fäkalsprache:	4,7 %	4,0 %

Geschlecht männlich		Total
1. Vulgärsprache:	36,3 %	41,9 %
2. Umgangssprache:	36,1 %	30,1 %
3. Gossensprache:	24,4 %	24,0 %
4. Fäkalsprache:	3,2 %	4,0 %

Hinsichtlich der fünf genannten Altersgruppen sind keine statistisch bedeutsamen Unterschiede (p > 0,05) festzustellen. Die jüngsten befragten Personen entscheiden sich am häufigsten (34,9 %), die älteste Altersgruppe am wenigsten (24,1 %) für die Bezeichnung „Umgangssprache". Von allen Altersgruppen wird der Begriff „Vulgärsprache" (36,6 % - 46,4 %) bevorzugt.

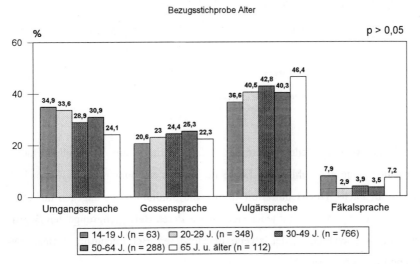

Abb. 4: Sammelbezeichnungen für unerwünschte Sexualwörter
Bezugsstichprobe Alter

Zwischen 20 und 25 Prozent liegen die Anteile der fünf Altersgruppen bei der Zustimmung, die Sammelbezeichnung „Gossensprache" zu wählen. Daß sich die 14- bis 19jährigen im Vergleich mit den vier Altersgruppen am häufigsten (7,9 %) für den Ausdruck „Fäkalsprache" aussprechen und damit den doppelten Prozentsatz wie bei dem Anteil der Gesamtstichprobe erreicht, ist gewiß eine Überraschung, die von uns nicht eindeutig interpretiert werden kann.

Der Einfluß des Bildungsgrades, festgemacht an Schulabschlüssen und weiterer Ausbildung, auf die Wahl der Sammelbezeichnung für die fragwürdigen Sexualwörter, ist an den Prozentwerten der Abbildung 5 abzulesen. Die Unterschiede, die als hochsignifikant ($p < 0,01$) einzuschätzen sind, treten optisch deutlich bei den Begriffen „Umgangs"- und „Vulgärsprache" in Erscheinung.

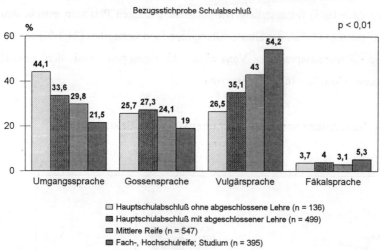

Abb. 5: Sammelbezeichnungen für unerwünschte Sexualwörter

So entscheidet sich fast jeder zweite der Befragtengruppe mit Volksschul-/Hauptschulabschluß ohne abgeschlossene Lehre für die Bezeichnung „Umgangssprache", bei denen mit Fach-, Hochschulreife (Abitur) und Studium ist es dagegen nur jeder fünfte. Umgekehrt präferiert nur jeder vierte der ersteren Befragtengruppe den Begriff „Vulgärsprache", während jeder zweite der letzteren Befragtengruppe diese Bezeichnung für angemessen hält.

Untersucht wurde auch die Frage, ob sich ein Einfluß hinsichtlich der Variable Konfessionszugehörigkeit oder Konfessionslosigkeit bei der Benennung der Sammelbezeichnung für die von der Gesellschaft kaum akzeptierten Sexualwörter zu erkennen gibt.

Hier das Ergebnis (s. auch Abb. 6):
Rangfolge
Konfessionszugehörigkeit: ev. Kirche (n = 582)

1. Vulgärsprache: 41,9 %
2. Umgangssprache: 30,4 %
3. Gossensprache: 23,7 %
4. Fäkalsprache: 4,0 %

Konfessionszugehörigkeit: röm.-kath. Kirche (n = 455)

1. Vulgärsprache: 39,3 %
2. Umgangssprache: 30,5 %
3. Gossensprache: 24,3 %
4. Fäkalsprache: 5,9 %

Konfessionslos (n = 505)
1. Vulgärsprache: 45,7 %
2. Umgangssprache: 28,7 %
3. Gossensprache: 23,6 %
4. Fäkalsprache: 2,0 %

Die einzelnen Daten machen deutlich, daß weder die Konfessionszugehörigkeit im Hinblick auf die beiden großen Kirchen noch das Merkmal Konfessionslosigkeit einen unmittelbaren Einfluß auf die Wahl der Sammelbezeichnung im Vergleich mit der Gesamtstichprobe ausgeübt hat.

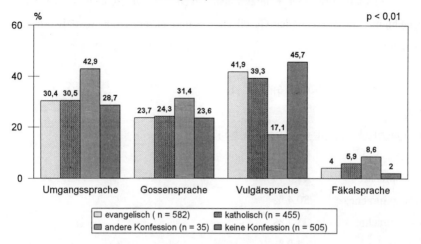

Abb. 6: Sammelbezeichnungen für unerwünschte Sexualwörter
Bezugsstichprobe Konfession

Es läßt sich auch kein Unterschied zwischen den beiden christlichen Kirchen nachweisen. Das Ergebnis bei denen, die sich zur evangelischen Kirche bekennen, ist nahezu identisch mit dem der Gesamtstichprobe. Bei den Konfessionslosen ist die Zustimmung zur Bezeichnung „Vulgärsprache" im Vergleich mit den evangelischen und katholischen Christen sowie der Gesamtstichprobe ein wenig erhöht, bei dem Begriff der „Fäkalsprache" etwas niedriger. Diese marginalen Unterschiede reichen jedoch nicht aus, um aus der Konfessionszugehörigkeit bzw. Konfessionslosigkeit eine deutlich erkennbare Einflußgröße abzuleiten.

Die Frage nach der von den Interviewten für angemessen gehaltene Sammelbezeichnung für die gesellschaftlich unerwünschten Sexualwörter ist nunmehr in mancher Hinsicht zu beantworten. Die meisten Probanden sprachen sich für den Ausdruck „Vulgärsprache" (42 %) aus. 30 Prozent favorisierten den Begriff „Umgangssprache". Für die letztere Bezeichnung entschieden sich auch eher die Teenager (35 %) und die jungen Erwachsenen (34 %), für die erstere die 65jährigen und Älteren (46 %) sowie die Altersgruppe der 30- bis 49jährigen (43 %). Der Bildungsgrad der Interviewten erwies sich als eine beachtliche Einflußgröße.

So wurde je nach Schulabschluß entweder für „Vulgärsprache" (höhere Schulabschlüsse) oder für „Umgangssprache" (niedrige Schulabschlüsse) plädiert. Die Konfessionszugehörigkeit oder Konfessionslosigkeit zeigte sich dagegen nicht als einflußreiche Variable.

Eine besonders auffällige Befragtengruppe (Vulgärsprache: 45,7 %, Umgangssprache: 42,9 %), deren Personen einer anderen Konfession als den beiden großen Glaubensgemeinschaften angehören, konnte wegen der zu geringen Befragtenzahl (n = 35) bei der Auswertung nicht berücksichtigt werden. Statistisch gesehen fällt sie etwas aus dem Rahmen und trägt somit zu dem hohen Signifikanzniveau bei.

3.2 Einschätzung und Verwendung der Sprachebenen: Standard-, Vulgär- und Fachsprache

Unabhängig von den Sprechsituationen sollten die befragten Frauen und Männer ihre Meinung über die drei Sprachebenen, Standard-, Vulgär- und Fachsprache, mitteilen. Die Ergebnisse dieser drei Einstellungsfragen sollen später mit denen, die zusätzlich die Sprechsituationen berücksichtigen, verglichen werden.

Die Verwendung der Standardsprache

Die Adressaten der Stichprobe wurden gefragt: „Würden Sie die genannten Bezeichnungen (Scheide, Glied, miteinander schlafen, Kitzler, Hodensack, miteinander ins Bett gehen, Scham, Hoden, Liebe machen) verwenden oder mißfallen Sie ihnen aus unterschiedlichen Gründen?"

Fast 80 Prozent der Gesamtstichprobe (n = 1.583) sagen, daß sie die Standardsprache verwenden (s. Abb. 7). Etwa 10 Prozent halten nichts von dieser Sprachform. Genausoviel Probanden können oder wollen hierzu nichts sagen.

Abb. 7: Verwendung der Standardsprache

Gesamtstichprobe (n = 1583)

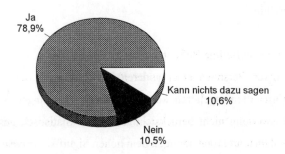

Ja
78,9%

Kann nichts dazu sagen
10,6%

Nein
10,5%

Zwischen den ost- und westdeutschen Befragten ergab sich kein nennenswerter Unterschied. Im Westen Deutschlands (n = 1.036) verwenden 79,8 Prozent und im Osten (n = 547) 77,1 Prozent standardsprachliche Ausdrücke der Sexualsprache. 10,3 Prozent im Westen und 11 Prozent im Osten mißfällt diese Sprachschicht. Auch bei beiden Geschlechtern ist man sich in der Befürwortung der Standardsprache einig. So sprechen sich 79,8 Prozent der Männer (n = 777) und 78 Prozent der Frauen (n = 806) für sie aus. Lediglich 9,5 Prozent des männlichen und 11,5 Prozent des weiblichen Geschlechts waren mit dieser Sprachform nicht einverstanden.

Betrachtet man die beiden Bezugsstichproben „Alter" und „Schulabschluß", so ergeben sich hochsignifikante Unterschiede bei der Beantwortung der Frage nach der Verwendung der Standardsprache.

Bei den fünf Altersgruppen unterscheiden sich insbesondere die jüngeren von den älteren Befragten. So geben über 80 Prozent der 14- bis 49jährigen an, daß sie die standardsprachlichen Ausdrücke gebrauchen, bei den 50- bis 64jährigen und älteren Menschen sind hingegen nur 70 und 69 Prozent für diese Bezeichnungen.

Abb. 8: Verwendung der Standardsprache

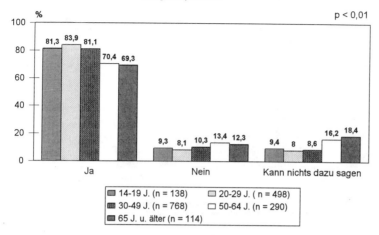

Bei diesen Befragtengruppen sind auch die meisten anzutreffen, die sich jeder Stellungnahme enthielten oder die Frage verneinten. Am beliebtesten ist die Standardsprache bei den jungen Erwachsenen (83,9 %) und am wenigsten angesehen bei den 50- bis 64jährigen (13,4 %). Relativ hoch ist der Prozentwert bei der ältesten Befragtengruppe (18,4 %), die sich unentschieden zeigt. Der Unterschied zur Gesamtstichprobe beträgt hier 7,8 %.

Statistisch bedeutsam sind die Unterschiede zwischen den Befragtengruppen mit verschiedenen Schulabschlüssen.

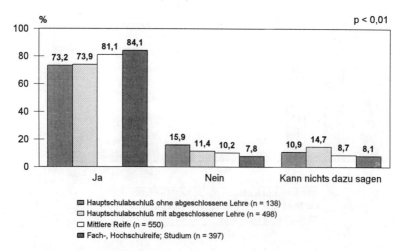

Abb. 9: Verwendung der Standardsprache
Bezugsstichprobe Schulabschluß

■ Hauptschulabschluß ohne abgeschlossene Lehre (n = 138)
▨ Hauptschulabschluß mit abgeschlossener Lehre (n = 498)
□ Mittlere Reife (n = 550)
▨ Fach-, Hochschulreife; Studium (n = 397)

Personen mit Hauptschulabschluß gebrauchen standardsprachliche Ausdrücke weniger als die mit höherem Bildungsgrad. Im Vergleich mit der Gesamtstichprobe beträgt dieser Unterschied 5,7 und 5,0 Prozent. Etwa 5 Prozent der Befragten mit Fach- und Hochschulreife verwenden die Bezeichnungen häufiger als der Durchschnitt der Gesamtstichprobe. 16 Prozent der Personen mit Hauptschulabschluß, aber ohne abgeschlossene Lehre, lehnen die Standardsprache ab, ungefähr 15 Prozent derjenigen mit abgeschlossener Lehre sehen sich nicht in der Lage, die Frage zu beantworten.

Zwischen konfessionsgebundenen und konfessionslosen Befragten ergab sich bei der Verwendung standardsprachlicher Bezeichnungen kein nennenswerter Unterschied. Von den Katholiken sprachen sich 79,7 Prozent und den evangelischen Christen 76,9 Prozent für die Standardsprache aus. Bei den Konfessionslosen waren es 80,3 Prozent. Auch im Vergleich mit der Gesamtstichprobe sind keine gravierenden Abweichungen festzustellen.

Die Verwendung der Vulgärsprache

Im Vergleich mit der Standardsprache ist die Vulgärsprache gesellschaftlich kaum akzeptiert. Deshalb wurde die Frage im Fragebogen entsprechend formuliert: „Stellen Sie sich vor, Sie bemerken, daß Ihre unmittelbare Umgebung die genannten Ausdrücke (Möse, Schwanz, ficken, Bohne, Sack, vögeln, Düse, Eier, bumsen) nicht akzeptiert. Würden Sie diese Ausdrücke dann trotzdem verwenden oder nicht?"

Insgesamt 71 Prozent der Gesamtstichprobe (n = 1.583) würden die vulgärsprachlichen Begriffe unter der genannten Prämisse nicht benutzen. Die restlichen Prozentwerte verteilen sich zu gleichen Anteilen auf die Bejahung der Frage und die Möglichkeit, hierzu nicht Stellung zu nehmen.

Abb. 10: Verwendung der Vulgärsprache
Gesamtstichprobe (n = 1583)

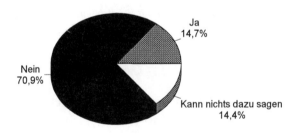

Im Gegensatz zur Standardsprache bei sexuellen Gesprächen sind bei der Vulgärsprache statistisch bedeutsame Unterschiede zwischen den Geschlechtern festzustellen. Jungen und Männer verwenden die vulgärsprachlichen Ausdrücke - trotz mangelnder Akzeptanz in ihrer nächsten Umgebung - fast doppelt so häufig (19 %, 10,5 %) wie Mädchen und Frauen. Drei Viertel der weiblichen (74,2 %) und zwei Drittel (67,6 %) der männlichen Befragten halten sich also an das Votum ihrer nächsten Umgebung.

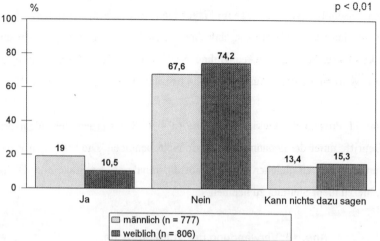

Abb. 11: Verwendung der Vulgärsprache
Bezugsstichprobe Geschlecht

Ähnlich unterschiedlich sind auch die Ergebnisse bei dieser Frage in Ost- und Westdeutschland. Während 17,5 Prozent in den alten Bundesländern für die Vulgärsprache stimmen, sind es in den neuen Ländern nur 9,3 Prozent. Drei Viertel der ostdeutschen verwenden gegenüber zwei Drittel der westdeutschen Befragten keine vulgärsprachlichen Ausdrücke.

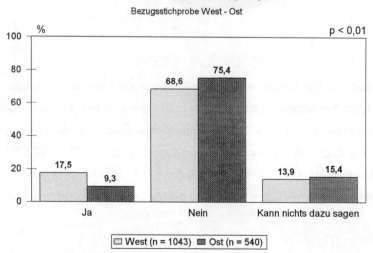

Abb. 12: Verwendung der Vulgärsprache
Bezugsstichprobe West - Ost

Im Vergleich mit der Gesamtstichprobe (75,4 %/70,9 %) würde der östliche Teil Deutschlands die Vulgärsprache im sexuellen Kontext eher nicht verwenden.

Interessant und hochsignifikant ist ebenso das Ergebnis im Hinblick auf die Schulabschlüsse der Probanden. Generell ist zu sagen, daß die Befragten mit Hauptschulabschluß (ohne und mit Lehre) die vulgärsprachlichen Bezeichnungen trotz der zu erwartenden Schwierigkeiten verwenden würden (17,4 %/14,7 %; 19,2 %/ 14,7 %). Im Vergleich mit den drei anderen Befragtengruppen zeigen sich die Personen mit Hauptschulabschluß und abgeschlossener Lehre am mutigsten und die mit höherem Bildungsabschluß am zurückhaltendsten. Die letztere Gruppe spricht sich auch am häufigsten (76,7 %), die Personengruppe mit Hauptschulabschluß ohne abgeschlossene Lehre am wenigsten (64,5 %) gegen die Verwendung vulgärsprachlicher Begriffe aus. Die zuletzt genannte Gruppe stellt auch die meisten Befragten, die zu unserer Frage nichts sagen können.

Hinsichtlich der einzelnen Altersstufen zeigen sich keine statistisch signifikanten Unterschiede. Bei den jüngeren Altersgruppen, den 14- bis 19jährigen und 20- bis 29jährigen, liegen die Prozentsätze gleich hoch (18,8 %/18,7 %), bei den folgenden Altersstufen, den 30- bis 49jährigen und 50- bis 64jährigen, sind sie ebenfalls dicht beieinander (13,8 %/13,1 %) und bei der ältesten Gruppe finden sich erwartungsgemäß die wenigsten (10,5 %), die sich der vulgärsprachlichen Ausdrücke bedienen. Die Senioren sind auch diejenige Altersgruppe, die sich mit großer Mehrheit gegen die Verwendung der Vulgärsprache (80,7 %) ausspricht. Zugleich bilden sie die kleinste Gruppe (8,8 %), die zu der Frage nicht Stellung nimmt.

Die Verwendung der Fachsprache

Die Teilnehmer/-innen an der Stichprobe wurden ebenso nach der Verwendung der fachsprachlichen Begriffe befragt. Die Frage lautete wörtlich: „Würden Sie am liebsten die medizinischen Fachbegriffe (Vagina, Penis, kohabitieren, Klitoris, Skrotum, koitieren, Vulva, Testes, Sexualakt) verwenden oder mißfallen Ihnen diese Ausdrücke?"

Aus den Befunden der Gesamtstichprobe (n = 1.578) geht hervor, daß 45,1 Prozent angeben, die medizinischen Termini zu gebrauchen, und mehr als ein Viertel der Befragten (28,2 %) sein Mißfallen kundtut.

Abb. 13: Verwendung der Fachsprache

Gesamtstichprobe (n = 1578)

Der Prozentsatz derer, die die Frage nicht eindeutig beantworten können, ist sehr hoch (26,7 %) und im Vergleich mit den entsprechenden Prozentsätzen der beiden anderen Sprachebenen am höchsten. Dieses Ergebnis ist wegen der lateinischen Herkunft der Bezeichnungen nicht verwunderlich. Bedeutsam ist die spezifische Fragestellung im Hinblick auf einzelne Variablen. So ergibt sich aus der geschlechtsspezifischen Betrachtungsweise ein hochsignifikantes Ergebnis: Die männlichen Befragten würden die Fachausdrücke eher nicht verwenden (41,3 %/45,1 %), und sie mißfallen ihnen auch eher (32,8 %/28,2 %), wenn man die Prozentsätze zugleich mit denen der Gesamtstichprobe vergleicht.

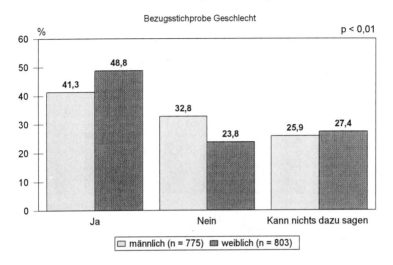

Abb. 14: Verwendung der Fachsprache

Die weiblichen Befragten würden indes die fremdsprachlichen Bezeichnungen eher verwenden (48,8 %/45,1 %), und sie mißfallen ihnen auch weniger (23,8 %/28,2 %) als im Bundesdurchschnitt. Damit erhalten wir ein Ergebnis, das dem bei der Vulgärsprache entgegengesetzt ist. Es kann also gesagt werden: In der Bundesrepublik Deutschland ist bei der Vulgärsprache eher der männliche Anteil erhöht und der weibliche niedriger, bei der Fachsprache hingegen ist das Ergebnis umgekehrt. Hier ist eher der weibliche Anteil im Vergleich mit dem der Männer größer, während das männliche Geschlecht deutlich weniger Fachbegriffe verwendet. Die Prozentsätze derer, die unentschieden sind, sich also weder für noch gegen die Verwendung von Fachbezeichnungen aussprechen, liegen dicht beieinander und weichen auch nicht von dem Ergebnis der Gesamtstichprobe (26,7 %) ab.

Als signifikant sind die Unterschiede ($p < 0,05$) bei den fünf Altersgruppen anzusehen.

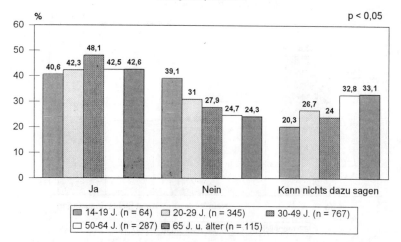

Abb. 15: Verwendung der Fachsprache
Bezugsstichprobe Alter

Die mittlere Gruppe, die der 30- bis 49jährigen, gebraucht die Fachbegriffe am häufigsten (48,1 %), die jüngste Altersgruppe am wenigsten. Ein Drittel der beiden ältesten Altersgruppen (32,8 %/33,1 %) vermag zu der gestellten Frage nichts zu sagen.

Daß der Gebrauch von fremdsprachlichen Begriffen insbesondere vom Bildungsgang der Befragten abhängig ist, kann sicherlich als Hypothese vorausgesetzt werden. Die hochsignifikanten Befunde sind besonders anschaulich in der Abbildung 16 zu erkennen. So steigt die Häufigkeit des Gebrauchs von Fachbegriffen kontinuierlich mit dem jeweils höheren Schulabschluß bzw. mit oder ohne Lehre.

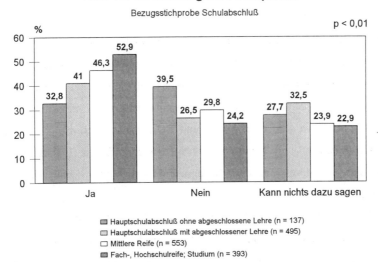

Abb. 16: Verwendung der Fachsprache

Den befragten Personen mit Hauptschulabschluß (ohne abgeschlossene Lehre) mißfallen diese Begriffe eher (39,5 %/28,2 %) als dem Durchschnitt der Gesamtstichprobe. Bei denen mit abgeschlossener Lehre können auffallend viele Personen (ein Drittel) dazu nichts sagen. Sie enthalten sich also (32,5 %/26,7 %). Die befragten Personen mit Abitur verwenden diese fremdsprachlichen Ausdrücke häufiger, als dies der Bundesdurchschnitt tun würde (52,9 %/45,1 %). Unterdurchschnittlich wenige dieser Befragtengruppe machen hierzu keine Angaben (22,9 %/26,7 %).

Bei der Variable „Konfessionszugehörigkeit" und „Konfessionslosigkeit" lassen sich keine statistisch auffälligen Abweichungen vom Ergebnis der Gesamtstichprobe feststellen.

Die Verwendung von fachsprachlichen Bezeichnungen bejahen 45,1 Prozent der evangelischen und 46,9 Prozent der römisch-katholischen Christen. Ihnen ablehnend gegenüber stehen 27,6 Prozent der Protestanten und 27,1 Prozent der Katholiken. Bei den Konfessionslosen lauten die entsprechenden Prozentwerte: 43,3 Prozent und 29,8 Prozent. Diejenigen, die zu der Frage nicht Stellung nehmen wollten, weichen nicht bemerkenswert von dem Ergebnis der Gesamtstichprobe ab.

Zusammenfassung

Als wichtigste Erkenntnisse dieses Kapitels können angesehen werden:
- Die *Standardsprache* ist die am häufigsten gewählte Sprachform bei Gesprächen über sexuelle Fragen. Ein hoher Prozentsatz (knapp 80 %) spricht sich für diese Sprachebene aus. Es zeigten sich keine statistisch bedeutsamen Unterschiede bei beiden Geschlechtern, zwischen West- und Ostdeutschland sowie zwischen Konfessionsgebunden und Konfessionslosen. Hochsignifikante Unterschiede ergaben sich allerdings bei den Bezugsstichproben „Alter" und „Schulabschlüsse".
- Die *Fachsprache* wird von den Befragten am zweithäufigsten (45 %) gewählt. Von einem gleichhohen Prozentsatz wird sie entweder abgelehnt (28 %) oder nicht beurteilt (27 %). Fachsprachliche Ausdrücke werden vor allem vom weiblichen Geschlecht und von Personen mit höheren Bildungsabschlüssen bevorzugt. Jede(r) Abiturient(in) und jede(r) dritte ehemalige Hauptschüler(-in) ohne abgeschlossene Lehre geben an, sie zu verwenden. Beliebt sind die Fachbegriffe insbesondere bei der mittleren Altersgruppe, den 30- bis 49jährigen. Die Merkmale „Konfessionszugehörigkeit" und „Konfessionslosigkeit" erwiesen sich nicht als in diesem Zusammenhang zu beachtende Einflußgrößen.
- Die *Vulgärsprache* wird hingegen von mehr als zwei Drittel der Gesamtstichprobe als sexuelle Sprachform abgelehnt. Von ebenso vielen Befragten wird sie entweder bejaht (14,7 %) oder bleibt ohne Stellungnahme (14,4 %). Vulgärsprachliche Begriffe werden eher (fast doppelt soviel) vom männlichen als vom weiblichen Geschlecht verwendet. Sie werden in Ostdeutschland (75,4 %) mehr als in Westdeutschland (68,6 %) abgelehnt. Befragten mit höheren Bildungsabschlüssen mißfallen sie in weit höherem Maße als denen mit niedrigeren Schulabschlüssen. Das Alter konnte nicht als signifikante Einflußgröße ermittelt werden. Festgestellt werden kann demgegenüber, daß die junge Generation eher Vulgärausdrücke gebraucht als die älteren Befragtengruppen. Etwa 80 Prozent der über 65jährigen lehnen sie kategorisch ab.

Alle drei Sprachschichten der Sexualsprache werden von den Befragten unterschiedlich bewertet und angewendet. Nach dieser pauschalen Einschätzung der Wortwahl bei sexuellen Gesprächen wird jedoch noch eine differenzierte Betrachtung des Sprechzusammenhangs notwendig sein. Wer die Kontextabhängigkeit der Sprache als eine entscheidende Einflußgröße ernst nimmt, wird auch eine Auswahl von Sprechsituationen bei einer Befragung berücksichtigen müssen. Aus noch zu erläuternden Gründen haben wir uns für die Sprechsituationen „Familie", „feste Freunde/gute Bekannte" und „Öffentlichkeit" entschieden.

3.3 Die Sprachebenen in Abhängigkeit von drei Sprechsituationen

Wenn der Standardsprache bei sexuellen Gesprächen im allgemeinen eine so große Bedeutung zukommt, dann fragt es sich, ob die zusätzliche Betrachtung von einzelnen, ja sich stark unterscheidenden Sprechsituationen die bisherigen Erkenntnisse entscheidend verändern werden. Ebenso wäre zu untersuchen, ob die Anteile der beiden anderen Sprachformen, Vulgär- und Fachsprache, bei unterschiedlichem Kontext von den bisherigen Daten merklich abweichen.

Nach einem globalen Vergleich der Sprechsituationen „Familie", „Freunde/Bekannte", „Öffentlichkeit" im Hinblick auf die drei Sprachebenen der Sexualsprache stehen als Variablen das Geschlecht, die Altersgruppen, die Konfessionszugehörigkeit bzw. Konfessionslosigkeit, die Schulabschlüsse, die Ortsgrößen und die Bundesländer im Mittelpunkt der Darstellung.

Als Begründung für die Auswahl der drei Sprechsituationen müssen vorab einige Kriterien genannt werden. Es galt gerade solche Merkmale auszuwählen, die den unterschiedlichen Kontext zu verdeutlichen vermögen. Freilich handelt es sich meistens nur um graduelle Unterschiede.

So ist die *Familie* insbesondere gekennzeichnet durch Charakteristika wie Privatheit, Emotionalität und Intimität sowie die lange Dauer des Beziehungsgefüges und die zwischen Eltern und Kindern vorherrschende asymmetrische Grundstruktur der Kommunikation. Asymmetrie in einer zwischenmenschlichen Beziehung besagt, daß die Gesprächspartner unter ungleichen Bedingungen (Altersunterschied, natürliche Autorität, Abhängigkeitsverhältnis u. a.) interagieren. Als symmetrisch ist demgegenüber grundsätzlich die Kommunikation zwischen den Eltern einzustufen. Hier einigt man sich auf den gemeinsamen Sprachgebrauch durch Vereinbarung (diskursiv). Dieser wird gegenüber den Kindern dominant vertreten. Damit hängt die Sanktionsbereitschaft zusammen, wenn Abweichungen von der elterlichen Ausdrucksweise festgestellt werden. Die sprachliche Ausdrucksweise wird sich an der erzielten Erwünschtheit orientieren, aber auch hier und da Mut zum Risiko, über gesellschaftliche Standards hinauszugehen, erkennen lassen. Entscheidender Faktor für die Wahl der Sprachform ist der Erwachsenenstatus.

Symmetrisch ist meistens das persönliche Verhältnis zwischen festen *Freunden* und guten *Bekannten* zu nennen. Sie werden in der Regel vom Individuum ausgewählt. Jenseits vom Macht- und Altersgefälle zählen soziale Normen wie u. a. Vertrautheit und Vertrauen, Zuverlässigkeit und Zueinander-Stehen, Informationsaustausch und gemeinsame Vorhaben zu den vielbeachteten Voraussetzungen des Interaktionsgeschehens. In einer solchen Atmosphäre spricht man dann meistens offen und salopp, unverkrampft und auch von Normen abweichend, miteinander. Dort, wo jedoch die Gruppe hierarchisch strukturiert ist (z. B. Peer-group), verläuft die Kommunikation auch nach den Prinzipien der Asymmetrie.

Die Sprechsituation *Öffentlichkeit* ist eher zwischen den ersten beiden Kommunikationsbereichen angesiedelt. Zumindest kann weder dem einen noch dem anderen ein strukturelles Übergewicht zugesprochen werden. Denn Gespräche finden hier sowohl unter symmetrischen als auch unter asymmetrischen Bedingungen statt. Die sozialen Interaktionen und die verbale Kommunikation orientieren sich vornehmlich an tradierten Konventionen und Spielregeln des Umgangs miteinander, deren Einhaltung von der sogenannten sozialen Kontrolle allgegenwärtig überwacht wird. Zu den spezifischen Merkmalen sind u. a. Kompetenzgefälle und gleicher Status ebenso zu rechnen wie Machtinteressen und die verbreitete Absicht, Mitmenschen nach eigenen Vorstellungen zu instrumentalisieren.

Der direkte Einfluß der öffentlich-rechtlichen Rahmenordnung auf das Individuum und seine Kommunikation wird sich gewiß in der Bevorzugung einzelner Sprachformen manifestieren, die vornehmlich an der sozialen Erwünschtheit ausgerichtet ist. Abweichungen werden rigoros geahndet.

Diese unterschiedlichen Merkmale der drei Sprechsituationen, so war die Vermutung, werden auf die drei bekannten Sprachebenen erkennbare Auswirkungen haben. So könnte die Vulgärsprache eher im vertrauten Freundes- und Bekanntenkreis als bei Gesprächen über sexuelle Fragen in der Familie und Öffentlichkeit anzutreffen sein. Die Fachsprache dürfte nur in der Öffentlichkeit, nicht jedoch in den beiden anderen sprachlichen Kontexten eine Chance haben. Die Standardsprache wird wohl in allen drei Sprechsituationen vorherrschend sein.

An den zu berichtenden Ergebnissen unserer Studie wird auszumachen sein, inwieweit unsere Hypothesen zutreffend sind. Als erstes stehen die Befunde der Sprechsituationen im Hinblick auf die Anteile der drei Sprachformen im Blickpunkt der Ausführungen.

Die Anteile der Sprachebenen an den Sprechsituationen: Familie, Freunde/Bekannte und Öffentlichkeit

Sprechsituation FAMILIE
Der Anteil der *Standardsprache* (58,5 %) fällt nicht allzuhoch aus (vgl. Abb. 17). Er ist auch der niedrigste Prozentsatz im Vergleich mit den beiden anderen Sprechsituationen.

Abb. 17: Sprechsituation Familie

Anteile der Vulgär-, Standard-, Fachsprache

(n = 1548)

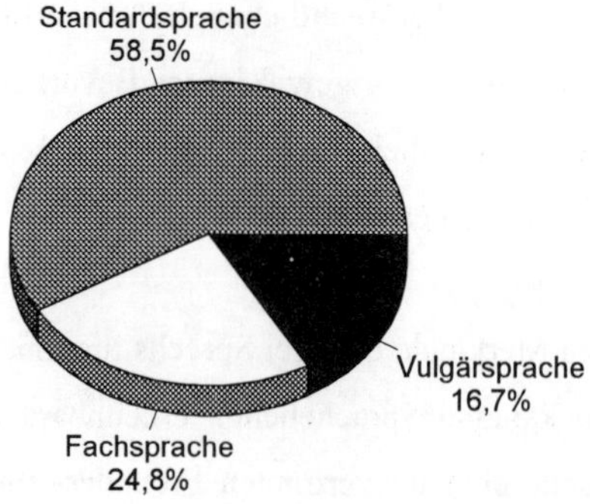

- Standardsprache 58,5%
- Vulgärsprache 16,7%
- Fachsprache 24,8%

Demgegenüber ist die *Fachsprache* (24,8 %) überdurchschnittlich vertreten und erreicht auch den höchsten Prozentsatz gegenüber den Anteilen bei den Gesprächen im Freundes- und Bekanntenkreis sowie in der Öffentlichkeit. Das liegt insbesondere daran, daß der Fachbegriff „Penis" einen außergewöhnlichen Zuspruch erfährt. Er erreicht fast ebenso viele Prozentpunkte (38 %) wie der standardsprachliche Ausdruck „Glied" (42 %). Im Westen Deutschlands sind beide Bezeichnungen sogar gleich beliebt, wenn beide Sexualwörter jeweils 40 Prozent erreichen. So ist festzustellen, daß der Terminus „Penis" in der deutschen Bevölkerung mittlerweile im standardsprachlichen Bereich akzeptiert ist und nicht mehr als rein fachsprachlicher Begriff verstanden werden kann. Interessant ist auch, daß der Begriff „Penis" gegenüber dem des „Gliedes" in Haushalten mit Kindern bis unter 14 Jahren sogar häufiger verwendet wird. Die entsprechenden Prozentsätze sind hier 43 und 40 Prozent.

Die *Vulgärsprache* nimmt mit 16,7 Prozent den dritten Platz ein. Dieser Anteil liegt höher als der in der Sprechsituation „Öffentlichkeit" (11,2 %) und niedriger als der, der bei „Freunden/Bekannten" (24,1 %) erzielt wurde.

Sprechsituation FREUNDE/BEKANNTE

Vor dem Hintergrund einer vertrauten Umgebung, deren Personen in der Regel individuell ausgewählt wurden und meistens auch die symmetrische Kommunikationsstruktur vorausgesetzt werden kann, sind die Anteile der Sprachschichten bei sexuellen Fragestellungen durchaus anders gewichtet als in der Familiensituation.

Abb. 18: Sprechsituation Freunde / Bekannte

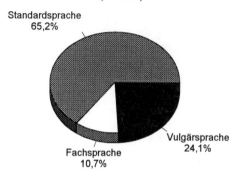

So geben 65,2 Prozent der Befragten an, die *standardsprachlichen* Ausdrücke zu verwenden. Dies bedeutet im Vergleich mit der ersten Sprechsituation eine Zunahme um 6,7 Prozent. Die *Vulgärsprache* erfährt jedoch den höchsten Zuwachs (7,4 %), während die *Fachsprache* einen Anteil von 14,1 Prozent einbüßt. Der Gewinn der beiden anderen Sprachschichten geht also zu Lasten des Gebrauchs fachsprachlicher Bezeichnungen. Die vergleichsweise höchste Verwendung vulgärsprachlicher Begriffe (24,1 %) läßt sich hauptsächlich auf den Kontext der meist lockeren Atmosphäre im Freundes- und Bekanntenkreis zurückführen. Daher ist auch der niedrige Anteil fachsprachlicher Bezeichnungen an der Sexualsprache verständlich und findet so eine plausible Begründung.

Sprechsituation ÖFFENTLICHKEIT

Noch einmal anders gelagert sind die Anteile der drei Sprachformen, wenn es um das Sprechen über sexuelle Themen in der Öffentlichkeit geht.

Abb. 19: Sprechsituation Öffentlichkeit

Anteile der Vulgär-, Standard-, Fachsprache

(n = 1520)

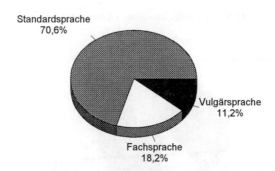

Die *Standardsprache* legt noch einmal 5,4 Prozent zu und erreicht insgesamt 70,6 Prozent. Auch die *Fachsprache* vermehrt ihren Anteil gegenüber dem der Sprechsituation Freunde/Bekannte um 7,5 Prozent bis auf 18,2 Prozent, wenn sie auch den Höchstwert (24,8 %) in der Familiensituation nicht mehr erreicht. Den niedrigsten Anteil überhaupt erzielt die *Vulgärsprache* (11,2 %). Dies bedeutet eine Abnahme von fast 13 Prozent (12,9 %). Auch dieses Ergebnis läßt sich nur kontextbedingt erklären. Denn wer setzt sich schon freiwillig und ohne jede Protestmentalität den negativen Begleiterscheinungen aus, die der Gebrauch vulgärsprachlicher Ausdrücke im öffentlichen Zusammenhang mit sich bringt. Deshalb ist es evident, daß die gesellschaftlich nicht akzeptierten Sexualwörter am wenigsten, dafür aber die standardsprachlichen Bezeichnungen am häufigsten und die Fachbegriffe am zweithäufigsten verwendet werden.

Die am Anfang dieses Kapitels geäußerte Vermutung trifft also zu, daß in allen drei Sprechsituationen die Standardsprache die am häufigsten gewählte Sprachebene ist. Im Gegensatz zu unserer Hypothese, daß die Fachsprache insbesondere in der Öffentlichkeit verwendet wird, ist nunmehr festzustellen, daß der höchste Anteil der fachsprachlichen Bezeichnungen in der Sprechsituation Familie konstatiert wurde. Dies mag wohl damit zu tun haben, daß ein fachsprachlicher Ausdruck (Penis) inzwischen standardsprachliche Akzeptanz erfährt und beispielsweise in Westdeutschland genauso häufig wie das standardsprachliche Synonym (Glied) gebraucht wird. Bestätigt wurde hingegen die letzte Hypothese, daß sich die Vulgärsprache vor allem im Freundes- und Bekanntenkreis auffallender Beliebtheit erfreut. Ihr Anteil beträgt hier ein Viertel, in der Familie ein Sechstel und in der Öffentlichkeit ein Neuntel an der aufgewiesenen Sexualsprache.

Vergleicht man nun unsere Erkenntnisse mit denen der globalen Fragestellung zu den Sprachformen, so ergeben sich einzelne ergänzende und differierende Betrachtungsweisen.

Die hohe Zustimmung der *Standardsprache* (78,9 %) erreicht diesen Prozentsatz in keiner der von uns untersuchten Sprechsituation. Verständlicherweise wird diese Sprachebene in der Öffentlichkeit am häufigsten (70,6 %), unter Freunden und Bekannten etwas weniger (65,2 %) und in der Familie am wenigsten (58,5 %) verwendet. Insgesamt gesehen ist die Standardsprache die in allen drei Sprechsituationen mit Abstand die vorherrschende Sprachschicht.

Bei der allgemeinen Frage nach der Verwendung der *Vulgärsprache* stimmten nur 14,7 Prozent für diese Sprachform. Unter Freunden und Bekannten ist dieser Anteil stark erhöht (24,1 %), in der Familie etwas höher (16,7 %) und in der Öffentlichkeit demgegenüber etwas geringer (11,2 %). Die unterschiedlichen Daten dieser Sprachform legen es nahe, die Sexualsprache auch in ihrer jeweiligen Kontextabhängigkeit zu betrachten, wenn man zu aussagekräftigen Ergebnissen gelangen möchte.

Der beachtlichen Zustimmung (45,1 %), die sich die *Fachsprache* zunächst erfreute, konnte bei Hinzufügung der drei Sprechsituationen nicht annähernd bestätigt werden. Ihren höchsten Anteil erhält sie in der Familie (24,8 %), den mittleren Rang in der Öffentlichkeit (18,2 %) und den wenigsten Zuspruch in der Sprechsituation von Freunden und Bekannten (10,7 %). Die Fachsprache gewinnt dadurch im öffentlichen

Zusammenhang an Bedeutung, daß dem Gebrauch vulgärsprachlicher Begriffe die Mechanismen und vor allem repressiven Maßnahmen der sozialen Kontrolle entgegenstehen.

In der differenzierten Betrachtungsweise der Sprechsituationen zeigt sich:
- Bei Gesprächen über Sexualität ist die Standardsprache die hauptsächlich akzeptierte Sprachform;
- die Vulgärsprache erreicht unter Freunden und Bekannten einen Anteil von einem Viertel des Gesamtvolumens der Sexualsprache;
- einen ebenso hohen Anteil erhält die Fachsprache in der Sprechsituation Familie.

Die Anteile der Sprachebenen in den Sprechsituationen aus der Sicht beider Geschlechter

Sprechsituation FAMILIE

In allen drei Sprechsituationen zeigt der Gebrauch der Sprachebenen einen hochsignifikanten Unterschied der Geschlechter an. In der Familie erreicht der Anteil der befragten Jungen und Männer an der *Standardsprache* 64,2 Prozent, der der Mädchen und Frauen 71,9 Prozent. Es ergibt sich also ein Unterschied von 7,7 Prozent. Im Vergleich mit dem generellen Anteil der Standardsprache (s. oben: 58,5 %) an der Sexualsprache muß beim männlichen Geschlecht von einem deutlichen (5,7 %) und beim weiblichen Geschlecht von einem beträchtlichen Anstieg (13,4 %) gesprochen werden.

Abb. 20: Geschlecht unter Berücksichtigung der 3 Sprachebenen

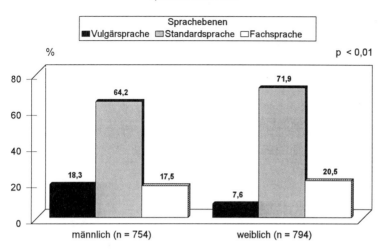

Beim Anteil beider Geschlechter an der *Vulgärsprache* ist der größte Unterschied der Sprachebenen im Familienbereich festzustellen. Er liegt bei den Männern bei 18,3 Prozent und bei den Frauen bei 7,6 Prozent. Als Unterschied ergibt sich der Prozentsatz von 10,7. Bezieht man die Ergebnisse auf den Anteil der Vulgärsprache (16,7 %) an der Sexualsprache in der Familiensituation überhaupt, so erscheint der Anteil des männlichen Geschlechts (18,3 %) etwas erhöht, aber der Anteil des weiblichen Geschlechts (7,6 %) um 9,1 Prozent bedeutend niedriger.

Gemessen an dem unspezifizierten Anteil der *Fachsprache* (24,8 %) an der Sexualsprache in der Familie liegt der geschlechtsbezogene Anteil beider Geschlechter deutlich darunter. Bei den Männern wurden 17,5 Prozent und bei den Frauen 20,5 Prozent errechnet. Der Unterschied beträgt also 3 Prozentpunkte. Er ist im familialen Bereich am niedrigsten. In den Sprechsituationen Öffentlichkeit und Freunde/Bekannte liegt er dagegen noch etwas höher.

Sprechsituation FREUNDE/BEKANNTE
Der in diesem Kontext insgesamt festgestellte erhöhte Anteil der Vulgärsprache trägt zu niedrigeren Prozentsätzen der Standard- und insbesondere der Fachsprache bei.

Im einzelnen (s. Abb. 21) wurden für die *Standardsprache* folgende Ergebnisse erzielt. Sie hat beim männlichen Geschlecht einen Anteil von 61,3 Prozent und beim weiblichen Geschlecht von 69,2 Prozent. Bezogen auf die allgemein errechneten Prozentwerte (65,2 %) bedeutet dies, daß die Standardsprache bei den Jungen und Männern einen Anteil von 3,9 Prozentpunkten verliert und bei den Mädchen und Frauen vergleichsweise noch 4 Prozent hinzugewinnt.

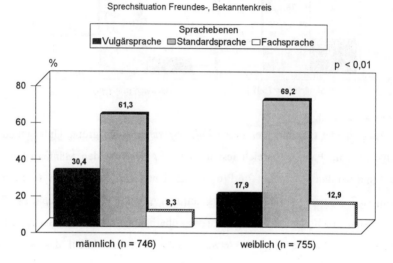

Abb. 21: Geschlecht unter Berücksichtigung der 3 Sprachebenen

Auch bei beiden Geschlechtern erhöht sich der Anteil der *Vulgärsprache* beträchtlich. Gegenüber der Familiensituation sind es immerhin 12,1 Prozent bei den Männern und 10,3 Prozent bei den Frauen. Unter der allgemeinen Perspektive (s. oben) bedeutet dies einen Zuwachs von 6,3 Prozent beim männlichen und beim weiblichen Geschlecht ein Minus von 6,2 Prozent. Trotz der deutlichen Erhöhung des vulgärsprachlichen Anteils der Frauen in Gesprächen mit Freunden und Bekannten verhält sich das weibliche Geschlecht immer noch zurückhaltender als die Jungen und Männer.

Die Anteile der *Fachsprache* ändern sich im Vergleich mit dem Umfeld der Familie drastisch und bezogen auf die allgemeinen Daten geringfügig. Bei Gesprächen mit Freunden und Bekannten sinkt der Anteil der Fachsprache bei den Männern von 17,5

Prozent auf 8,3 Prozent, bei den Frauen von 20,5 Prozent auf 12,9 Prozent. Bei der allgemeinen Betrachtung der Fachsprache (10,7 %) verliert der männliche Anteil nur 2,4 Prozentpunkte, der weibliche Anteil liegt indes immer noch 2,2 Prozent über dem Wert der allgemeinen Aussage.

Sprechsituation ÖFFENTLICHKEIT
Angesichts der gesellschaftlichen Erwartung fallen die Prozentwerte im Vergleich mit der vertrauten Situation im Freundes- und Bekanntenkreis bei Gesprächen im öffentlichen Kontext wieder anders aus.

So erreicht im Hinblick auf den Anteil der *Standardsprache* der Prozentsatz von 69,3 Prozent bei den Männern den Höchstwert in allen Sprechsituationen (s. Abb. 22). Bei den Frauen ist der errechnete Prozentsatz (71,9 %) mit dem in der Familie identisch. Gegenüber dem allgemeinen Anteil der Standardsprache (70,6 %) ist der Prozentsatz des männlichen Geschlechts etwas niedriger (1,3 %) und der des weiblichen Geschlechts etwas höher (1,3 %).

Abb. 22: Geschlecht unter Berücksichtigung der 3 Sprachebenen
Sprechsituation Öffentlichkeit

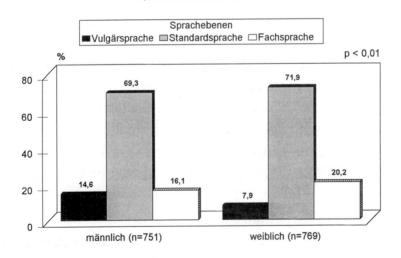

Hinsichtlich der *Vulgärsprache* ist der Prozentsatz bei Jungen und Männern in dieser Sprechsituation vergleichsweise am niedrigsten (14,6 %), bei Mädchen und Frauen am zweitniedrigsten (7,9 %). Bezogen auf den allgemein errechneten Prozentwert der Vulgärsprache ist der Anteil der männlichen Vulgärsprache nicht unwesentlich erhöht (4,9 %) und bei der weiblichen Vulgärsprache (11,2 %) um 3,2 Prozent niedriger.

Die *Fachsprache* erhält nun einen Anteil bei den Männern von 16,1 Prozent und bei den Frauen von 20,2 Prozent. Dieser liegt bei beiden Geschlechtern unwesentlich niedriger als der jeweilige Anteil in der Familiensituation. Im Vergleich mit dem erzielten Prozentsatz in der allgemeinen Aussage (18,2 %) sind die neuen Anteile etwas darunter (2,1 %) oder etwas darüber (2 %).

Einzelergebnisse können die allgemeinen Aussagen an Beispielen verdeutlichen. In der Familie verwenden Jungen und Männer die Sexualwörter der Vulgärsprache überdurchschnittlich: „Möse" (17 %/11,9 %), „Schwanz" (22,4 %/16,4 %), „ficken" (15,4 %/10,1 %). Die standardsprachliche Wendung „miteinander schlafen" wird dagegen unterdurchschnittlich (83,5 %/88,7 %) gebraucht. Bei Mädchen und Frauen dominiert die Standardsprache: z. B. „miteinander schlafen" (93,5 %/88,7 %). Die vulgärsprachlichen Ausdrücke werden unterdurchschnittlich verwendet: „Möse" (7,2 %/11,9 %), „Schwanz" (10,7 %/16,4 %), „ficken" (5,0 %/10,1 %).

Bei Gesprächen mit festen Freunden und guten Bekannten werden vom männlichen Geschlecht die vulgärsprachlichen den standardsprachlichen Begriffen mehrheitlich vorgezogen: „Sack" (58,3 %/48,8 %), „vögeln" (27,5 %/19,3 %). Beim weiblichen Geschlechtsteil „Kitzler" ist jedoch eine Ausnahme festzustellen. Weder die vulgärsprachliche noch die fachsprachliche Bezeichnung (Bohne/Klitoris) wird überdurchschnittlich gewählt, sondern der standardsprachliche Ausdruck (72,8 %/67 %).

Das weibliche Geschlecht präferiert gegenüber Jungen und Männern eher die Begriffe der Standardsprache. Mädchen und Frauen sprechen überdurchschnittlich vom „Hodensack" (57,4 %/48,5 %) als vom „Sack" (39,3 %/48,8 %) oder häufiger vom „Miteinander-ins-Bett-Gehen" (87,3 %/79,5 %) als vom „Vögeln" (11,4 %/19,3 %).

Als Ausnahme gilt das Wort „Klitoris". Dieser fachsprachliche Ausdruck (35,5 %/28,9 %), der seit dem frühen 18. Jahrhundert nachgewiesen ist, wird dem standardsprachlichen Begriff „Kitzler" vorgezogen.

Zusammenfassend kann gesagt werden: Die Sexualsprache der Frauen hebt sich kontrastreich von der der Männer ab. Sie ist insbesondere standardsprachlich, manchmal auch fachsprachlich, aber keineswegs vulgärsprachlich orientiert. Männer verwenden dagegen eher vulgärsprachliche Ausdrücke, ja ungefähr doppelt so häufig wie Frauen. Aufgrund der Einzelanalyse ist zu beobachten, daß, wenn das männliche Geschlecht die Vulgärsprache überdurchschnittlich bewertet, diese Sprachform vom weiblichen Geschlecht unter- und die Standardsprache überbewertet wird. Entscheiden sich die Männer eher für die Standardsprache, dann wird diese Sprachebene von den Frauen häufig unter- und die Fachsprache überbewertet.

Die Anteile der Sprachebenen in den Sprechsituationen aus der Sicht der Altersgruppen

Sprechsituation FAMILIE

Zweifellos ist der Gebrauch der einzelnen Sprachformen auch eine Frage des Lebensalters. Die Grafik (s. Abb. 23) läßt die Unterschiede schon optisch deutlich in Erscheinung treten. Sie sind statistisch hochsignifikant ($p < 0,01$).

Abb. 23: Altersgruppen unter Berücksichtigung der 3 Sprachebenen
Sprechsituation Familie

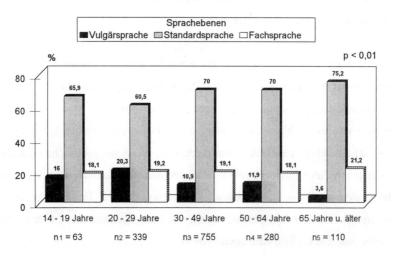

Die *Standardsprache* wird insbesondere von den älteren Altersgruppen (70 %, 75,2 %) und den 30- bis 49jährigen (70 %) bevorzugt. Bei den jungen Erwachsenen hat sie den geringsten Anteil (60,5 %) und bei den Teenagern den von 65,9 Prozent. Diese Prozentsätze liegen alle über dem globalen Anteil (s. oben) von 58,5 Prozent.

Hinsichtlich des Anteils der *Vulgärsprache* ist festzustellen, daß die jüngeren Altersgruppen, vornehmlich die 20- bis 29jährigen (20,3 %), Sexualwörter dieser Sprachschicht verwenden. Die 30- bis 49jährigen und 50- bis 64jährigen liegen deutlich unter dem allgemeinen Ergebnis (16,7 %), und der geringste Anteil ist, wie schon zu vermuten war, bei der ältesten Altersgruppe am niedrigsten (3,6 %).

Die älteste Befragtengruppe entscheidet sich auch am häufigsten für den Gebrauch der *Fachsprache* (21,2 %), wobei die anderen Altersgruppen nicht sonderlich von diesem Ergebnis abweichen. Ihre Anteile liegen zwischen 18,1 und 19,2 Prozent. Es fällt auf, daß die Prozentsätze bei Teenagern und 50- bis 64jährigen identisch (18,1 %) sind.

Beachtenswert sind noch die Ergebnisse der drei standardsprachlichen Sexualwörter: Scheide, Glied und miteinander schlafen. Der Ausdruck „Scheide" erreicht bei den jungen Erwachsenen einen unterdurchschnittlichen Wert (62,2 %/70,1 %) im Gegensatz zur ältesten Altersgruppe, bei der dieser Begriff den höchsten Zuspruch (79,8 %/70,1 %) erhält. Entsprechend ist die vulgärsprachliche Bezeichnung „Möse" bei den 20- bis 29jährigen (17,7 %/11,9 %) erhöht und bei den ältesten Befragten bedeutend niedriger (3,7 %/11,9 %).

Der Begriff „Glied" wird vor allem von beiden älteren Altersgruppen geschätzt. Hier werden überdurchschnittliche Werte erreicht: bei den 15- bis 64jährigen 53,2/45,3 Prozent und bei den 65jährigen und älteren Menschen 50,9/45,3 Prozent. Während in dieser Gruppe der fachsprachliche Terminus (Penis) ebenfalls überdurchschnittlich (43,6 %/38,3 %) verwendet wird, erzielt der vulgärsprachliche Ausdruck „Schwanz" nur ein unterdurchschnittliches Ergebnis (3,7 %/11,9 %). Der letztere Begriff bekommt dagegen überdurchschnittliche Werte: bei den 14- bis 19jährigen 23/16,4 Prozent und bei den jungen Erwachsenen 26,6/16,4 Prozent.

Das Lexem „miteinander schlafen" wird bei der ältesten Befragtengruppe überdurchschnittlich (94,6 %/88,7 %) verwendet. Das vulgärsprachliche Wort „ficken" wird dagegen unterdurchschnittlich (1,8 %/10,1 %) gebraucht. Umgekehrt ist dieses Ergebnis bei den 20- bis 29jährigen. Bei den jungen Erwachsenen erzielt der standardsprachliche Begriff einen unterdurchschnittlichen Wert (82,4 %/88,7 %) und der vulgärsprachliche Ausdruck einen überdurchschnittlichen Zuspruch (16,5 %/10,1 %).

Sprechsituation FREUNDE/BEKANNTE
Wie in der Familie, so ergeben sich auch bei Gesprächen über sexuelle Fragen im Freundes- und Bekanntenkreis hochsignifikante Unterschiede zwischen dem Gebrauch der drei Sprachebenen in den fünf Altersgruppen.

Abb. 24: Altersgruppen unter Berücksichtigung der 3 Sprachebenen
Sprechsituation Freundes-, Bekanntenkreis

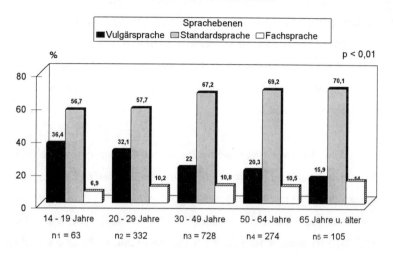

So wird in der Abbildung 24 der kontinuierliche Anstieg der *Standardsprache*, von 56,7 bis 70,1 Prozent, deutlich. Damit im Zusammenhang steht der hohe Anteil der *Vulgärsprache* bei den Teenagern (36,4 %), der bis zu den Senioren (15,9 %) stetig abnimmt. Die Verwendung *fachsprachlicher* Ausdrücke ist bei der ersten Altersgruppe eher als gering (6,9 %), bei den ältesten Befragten (14 %) im Vergleich mit allen anderen als am höchsten anzusehen. Die drei anderen Altersgruppen weichen kaum voneinander ab.

Greifen wir auch bei dieser Sprechsituation die drei standardsprachlichen Bezeichnungen heraus, um an ihnen einzelne Vorlieben einiger Altersstufen aufzuzeigen.

Der Begriff „Kitzler" erzielt bei den 14- bis 19jährigen eine überdurchschnittliche Zustimmung (75 %/67 %). Diese Bevorzugung geht offensichtlich zu Lasten des fachsprachlichen Ausdrucks „Klitoris", der wenig geschätzt wird (16,7 %/28,9 %). Die Vulgärbezeichnung „Bohne" erfährt in dieser Altersgruppe den meisten Zuspruch (8,3 %/4,1 %). In der ältesten Befragtengruppe ist der standardsprachliche Ausdruck „Kitzler" weniger verbreitet (58,4 %/67 %). Eine höhere Wertschätzung genießt dagegen bei den Senioren der Fachbegriff „Klitoris" (39,6 %/28,9 %).

Ob man „Hodensack" oder „Sack" sagt, ist insbesondere eine Frage des Alters der Sprechenden. So wird „Hodensack" in der vierten Altersgruppe von 56,3 Prozent gegenüber 48,5 Prozent im Durchschnitt und in der fünften Altersgruppe von 59,8 Prozent (48,5 %) bevorzugt. Der Begriff „Sack" wird weniger häufig (vierte Gruppe: 41,9 %/48,8 %; fünfte Gruppe: 37,3 %/48,8 %) gewählt. Anders ist dies bei den jungen Leuten. Während bei ihnen „Hodensack" deutlich erkennbar weniger gebräuchlich ist (erste Gruppe: 25,8 %/48,5 %; zweite Gruppe: 37,5 %/48,5 %), läßt sich die Bevorzugung der vulgärsprachlichen Bezeichnung anhand der Durchschnittswerte beider Gruppen (erste Gruppe: 69,4 %/48,8 %; zweite Gruppe: 60,3 %/48,8 %) aufweisen. Es ergibt sich für die Teenager einen Unterschied von 20,6 Prozent und für die jungen Erwachsenen von 11,5 Prozent.

Beim Lexem „miteinander ins Bett gehen" verhält es sich ebenso bei der überdurchschnittlichen Wert- bzw. Geringschätzung der standardsprachlichen Bezeichnung durch die älteste Gruppe und die beiden jüngsten Altersgruppen. Die Senioren (fünfte Altersgruppe) schätzen es besonders (90,1 %/79,5 %); der vulgärsprachliche Begriff „vögeln" dagegen wird unterdurchschnittlich gebraucht (9 %/19,3 %). Die Teenager und jungen Erwachsenen verwenden ihn demgegenüber häufiger als der Durchschnitt der Stichprobe, wenn man die erzielten Prozentwerte bedenkt (erste Gruppe: 30,8 %/19,3 %; zweite Gruppe: 30,1 %/19,3 %). Die Unterschiede liegen also bei 11,5 und 10,8 Prozent. Die erhöhten Prozentsätze bei der Vulgärsprache gehen eindeutig zu Lasten des Gebrauchs der standardsprachlichen Bezeichnung (erste Gruppe: 69,2 %/79,5 %; zweite Gruppe: 67,8 %/79,5 %).

Sprechsituation ÖFFENTLICHKEIT
Im Gegensatz zu den beiden anderen Sprechsituationen sind die erzielten Ergebnisse der drei Sprachformen in den Altersgruppen der Sprechsituation Öffentlichkeit statistisch nicht signifikant.

Abb. 25: Altersgruppen unter Berücksichtigung der 3 Sprachebenen

Sprechsituation Öffentlichkeit

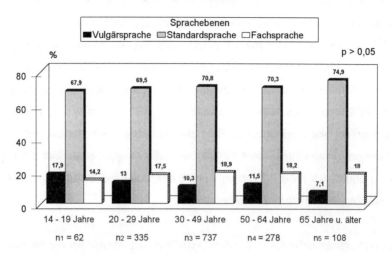

Demzufolge fällt es auf, daß die fünf Altersgruppen (s. Abb. 25), im ganzen gesehen, keine gravierenden Unterschiede (p > 0,05) aufweisen. So erfreut sich die *Standardsprache* allgemeiner Beliebtheit. Die Anteile liegen zwischen 67,9 und 74,9 Prozent. Bei der globalen Einschätzung erhielt diese Sprachebene 70,6 Prozent (s. oben). Auch die Anteile der *Fachsprache* liegen dicht beieinander, wobei die jüngste Befragtengruppe den niedrigsten (14,2 %), die Gruppe der 30- bis 49jährigen den höchsten Prozentwert (18,9 %) erhält. Wenn wir uns bei der Vulgärsprache auch an dem globalen Ergebnis der *Vulgärsprache* (11,2 %) orientieren, dann sind die vermittelten Anteile einmal der 14- bis 19jährigen (17,9 %) durchaus erhöht und zum anderen der Senioren (7,1 %) erkennbar niedriger, ja er ist im Vergleich mit den Befunden bei allen Altersgruppen am niedrigsten.

Im allgemeinen lassen sich folgende Ergebnisse, die sich als statistisch bedeutsam erweisen, zusammenfassen:
- Die Altersgruppe der 30- bis 49jährigen ist die von allen fünf befragten Altersgruppen diejenige, die an den Daten des Bundesdurchschnitts orientiert sind. Bei allen drei Sprachformen weichen sie nicht auffällig vom Gesamtergebnis ab.

- Die jungen Erwachsenen, die 20- bis 29jährigen, erzielten großenteils überdurchschnittliche Werte bei der Vulgärsprache und damit zusammenhängend unterdurchschnittliche Ergebnisse in der Standardsprache. Eine Ausnahme bildet lediglich das Wort „Kitzler", das nur ein durchschnittliches Ergebnis erreicht.
- Die älteste Befragtengruppe, die 65jährigen und älteren Senioren, favorisiert die beiden Sprachebenen genau umgekehrt. Die Standardsprache erhält vorwiegend überdurchschnittliche Werte und unterdurchschnittliche Prozentsätze bei der Vulgärsprache. Lediglich der Ausdruck „Kitzler" wird unterdurchschnittlich verwendet, während der Fachbegriff „Klitoris" im Vergleich mit allen anderen Altersgruppen besonders beliebt ist.

Die Anteile der Sprachebenen in den Sprechsituationen aus der Sicht der Konfessionszugehörigkeit

Sprechsituation FAMILIE

Im familialen Kontext und in den beiden anderen Sprechsituationen wird die Gruppe „andere Konfession" wegen zu geringer Befragtenzahl bei der Interpretation nicht berücksichtigt. Verglichen werden die beiden großen Glaubensgemeinschaften und die Gruppe der Konfessionslosen.

Abb. 26: Konfession unter Berücksichtigung der 3 Sprachebenen
Sprechsituation Familie

Konfession	Vulgärsprache	Standardsprache	Fachsprache	n
Evangelisch	11,5	70	18,5	$n_1 = 578$
Katholisch	12,6	67,5	19,9	$n_2 = 446$
Andere Konfession	21,9	60	18,1	$n_3 = 35$
Keine Konfession	13,9	67,1	19	$n_4 = 489$

$p < 0,05$

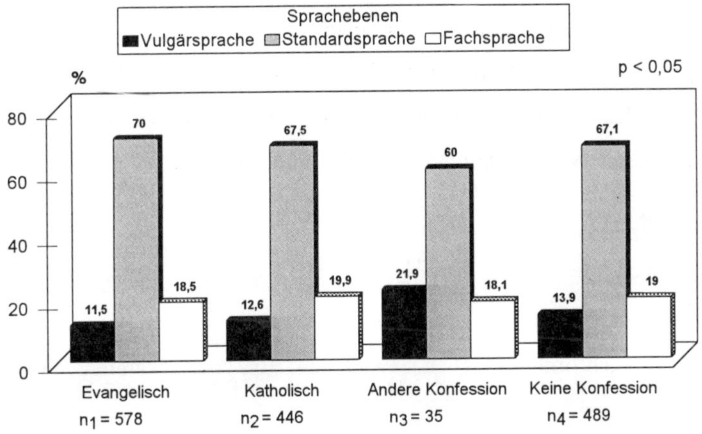

Hinsichtlich der *Standardsprache* liegen die evangelischen und katholischen Christen sowie die Konfessionslosen nicht weit auseinander. Zwei Drittel aller drei Gruppen sind standardsprachlich orientiert. Die Protestanten erreichen mit 70 Prozent den höchsten Anteil. Bei dem Ergebnis der allgemeinen Fragestellung (s. oben) wurde der Prozentsatz von 58,5 Prozent für die Standardsprache ermittelt.

Der erhöhte Anteil der Standardsprache hat zur Folge, daß die Ergebnisse der beiden anderen Sprachschichten geringer ausfallen als die prozentualen Anteile in der globalen Auswertung. So liegen alle Prozentwerte der Glaubensgemeinschaften und Konfessionslosen hinsichtlich der *Vulgärsprache* unter 16,7 Prozent (Globalwert, vgl. Abb. 17). Den relativ höchsten Wert (13,9 %) erreichen diejenigen, die angeben, keiner Konfession anzugehören. Der niedrigste Anteil zeigt sich bei den Protestanten.

Bei den angesprochenen Gruppen bleibt der Anteil der *Fachsprache* an der Sexualsprache unter 20 Prozent. In der allgemeinen Betrachtungsweise wurde ein Anteil von 24,8 Prozent erzielt. Die Katholiken erreichen 19,9 Prozent, die Konfessionslosen 19 Prozent und die evangelischen Christen 18,5 Prozent. In der Familiensituation liegt die Steigerung der Standardsprache zwischen 8,6 und 10,5 Prozentpunkten, während die beiden anderen Sprachformen bis zu 5 Prozent (Protestanten) abnehmen.

Sprechsituation FREUNDE/BEKANNTE
Der beim Freundes- und Bekanntenkreis generell zu beobachtende Anstieg der Vulgärsprache wirkt sich auch hier auf den geringen Anteil der *Standardsprache* aus (s. Abb. 27). Beide Konfessionen erreichen 65,9 Prozent, wobei jedoch der allgemeine Prozentsatz von 65,2 Prozent nicht unterschritten wird. Lediglich bei den Konfessionslosen wird dieser Wert geringfügig (64,8 %) unterschritten.

Abb. 27: Konfession unter Berücksichtigung der 3 Sprachebenen

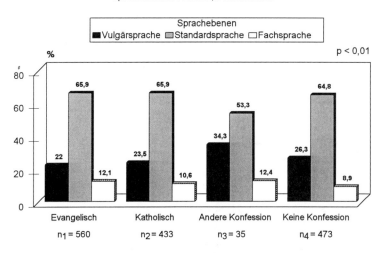

Bei derselben Gruppe wird der Anteil der *Vulgärsprache* (26,3 %) etwas (um 2,2 Prozentpunkte) überschritten. Die beiden christlichen Religionen bleiben mit 22 und 23,5 Prozent unter dem globalen Anteil (24,1 %). Der kleine Unterschied zwischen Protestanten und Katholiken (1,5 %) ist kaum erwähnenswert.

Auch der Anteil der *Fachsprache* (10,7 %) weicht kaum von den generell erzielten Werten ab. Bei den evangelischen Christen geht dieser Prozentsatz (12,1 %) etwas darüber hinaus, bei den Konfessionslosen wird er (8,9 %) nicht ganz erreicht. Bei den Katholiken ist dieser Wert (10,6 %) nahezu identisch.

Zwischen den beiden großen Glaubensgemeinschaften einerseits sowie den christlichen Kirchen und der Gruppe der Konfessionslosen andererseits lassen sich also keine spektakulären Unterschiede feststellen. Ob diese Feststellung in der Sprechsituation ÖFFENTLICHKEIT zu korrigieren sein wird?

Sprechsituation ÖFFENTLICHKEIT
Auch in diesem Kontext, in dem die soziale Kontrolle über die gesellschaftlich erwartete Sprachform rigoros entscheidet, ergeben sich auf den ersten Blick (s. Abb.

28) bei den drei Konfessionsgruppen keine stark abweichenden Erkenntnisse ($p < 0,05$).

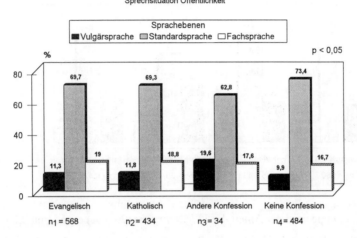

Abb. 28: Konfession unter Berücksichtigung der 3 Sprachebenen
Sprechsituation Öffentlichkeit

Die Anteile der *Standardsprache* liegen bei den beiden christlichen Konfessionen knapp unter 70 Prozent. In der pauschalen Betrachtungsweise (s. oben) wurden 70,6 Prozent errechnet. Etwas höher ist das Ergebnis bei den Konfessionslosen. Der Prozentsatz des Anteils beträgt hier 73,4 Prozent.

Die ermittelten Prozentsätze für die *Fach-* und *Vulgärsprache* bleiben ebenfalls im Rahmen der Globalwerte (18,2 %; 11,2 %). Bei der Fachsprache erreichen die Konfessionslosen mit 16,7 % nicht ganz dieses Ergebnis. Beim vulgärsprachlichen Anteil bleibt dieselbe Gruppe mit 9,9 Prozent etwas unter dem Bezugswert. Die Anteile der beiden christlichen Konfessionen in allen drei Sprachschichten liegen dicht beieinander. Den auffälligsten Unterschied zeigen die Befunde der Gruppe, die sich aus Menschen zusammensetzt, die einer anderen Konfession als der der beiden christlichen Kirchen angehören. So interessant es wäre, herauszufinden, wer sich konkret hinter dieser Bezeichnung verbirgt, um einige aufschlußreiche Hinweise zu erhalten, so verbietet es sich aus statistischen Gründen, den Ergebnissen dieser

Gruppe wegen der zu geringen Befragtenzahl (n = 34) in unserem Zusammenhang besondere Aufmerksamkeit zu widmen.

Die statistische Sichtung der einzelnen Begriffe hatte folgendes Ergebnis. Zwischen den großen Religionsgruppen ergaben sich keine beachtenswerten Unterschiede. Die Protestanten zeigten bei keinem Befund Abweichungen vom Durchschnittswert. Bei den Katholiken war nur eine einzige Besonderheit festzustellen. Der standardsprachliche Ausdruck „Hodensack" wurde gegenüber den beiden anderen Begriffen (Sack, Skrotum) überdurchschnittlich bevorzugt (54 %/48,5 %).

Die Gruppe der Konfessionslosen erzielt in zwei Fällen Ergebnisse, die vom Durchschnitt abweichen. So wird die vulgärsprachliche Bezeichnung „Sack" (55,7 %/ 48,8 %) dem standardsprachlichen Ausdruck „Hodensack" (41,7 %/48,5 %) deutlich vorgezogen. Demgegenüber wird von denselben Befragten der standardsprachliche Begriff „Scham" (86,9 %/81,3 %) gegenüber den Begriffen der beiden anderen Sprachebenen favorisiert.

Alles in allem vermitteln auch diese Detailerkenntnisse den Eindruck, daß die konfessionelle Betrachtungsweise der drei Sprachebenen keine deutlichen Unterschiede aufweist, die es rechtfertigen würden, von beträchtlichen Abweichungen zu sprechen, und zwar zwischen den beiden großen Kirchen einerseits sowie diesen und der Gruppe der Konfessionslosen andererseits.

Die Anteile der Sprachebenen in den Sprechsituationen aus der Sicht der Schulabschlüsse

Die drei im Rahmen unseres Bildungssystems angebotenen Schulabschlüsse wurden als Einteilungsprinzip ausgewählt: Hauptschulabschluß, mittlere Reife und Abitur. Zusätzlich unterschied man noch bei den Hauptschul- bzw. früher Volksschulabgängern, ob sie die anschließende Lehre abgeschlossen hatten oder ohne diesen weiteren Abschluß einen Beruf ergriffen haben. Die Schulbildung wurde somit im Fragebogen in vier Gruppen eingeteilt:

1. Hauptschulabschluß ohne abgeschlossene Lehre,
2. Hauptschulabschluß mit abgeschlossener Lehre,
3. mittlere Reife,
4. Abitur, Fachhochschulreife, Studium.

In allen drei Sprechsituationen wurden hochsignifikante Unterschiede ($p < 0,01$) erzielt.

Sprechsituation FAMILIE

Die Anteile der *Standardsprache* steigen in allen vier Schulcodegruppen kontinuierlich an: von 64 bis 70,4 Prozent. Damit liegen die erzielten Werte alle über dem allgemeinen Prozentsatz von 58,5 Prozent (s. oben). Die vierte Bildungsgruppe verwendet also am häufigsten standardsprachliche Ausdrücke der Sexualsprache.

Abb. 29: Schulbildung unter Berücksichtigung der 3 Sprachebenen

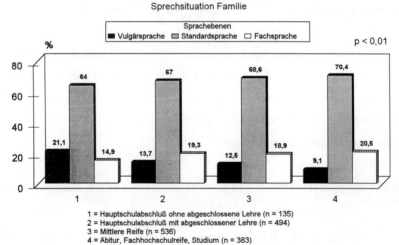

1 = Hauptschulabschluß ohne abgeschlossene Lehre (n = 135)
2 = Hauptschulabschluß mit abgeschlossener Lehre (n = 494)
3 = Mittlere Reife (n = 536)
4 = Abitur, Fachhochschulreife, Studium (n = 383)

Die ehemaligen Abiturienten sind allerdings auch diejenigen, die sich vergleichsweise mehr als die der anderen Gruppen der *Fachsprache* bedienen (20,5 %). Die erste Gruppe verwendet am wenigsten die fremdsprachlichen Begriffe. Auffallend ist, daß die Gruppe zwei ein wenig mehr (19,3 %) die Fachbegriffe verwendet als die Gruppe drei (18,9 %). Keine Gruppe erreicht den Prozentwert der unspezifizierten Fragestellung (24,8 %).

Der Gebrauch der *Vulgärsprache* nimmt bei den vier Schulcodegruppen stetig ab: von 21,1 bis 9,1 Prozent. Der Anteil dieser Sprachform bei den Hauptschulabsolventen beträgt also ein Fünftel, bei jenen mit Hochschulreife nicht einmal ein Zehntel. Die Gruppen zwei bis vier erreichen alle nicht den Prozentsatz von 16,7 Prozent in der allgemeinen Aussage. Die erste Gruppe liegt 4,4 Prozentpunkte darüber.

Sprechsituation FREUNDE/BEKANNTE
Im vertrauten Kontext des Freundes- und Bekanntenkreises dominiert zwar noch die Standardsprache zwischen 60,9 und 67,0 Prozent. Die Vulgärsprache erzielt jedoch bei allen Gruppen den zweiten Rang und verweist die Fachsprache auf den dritten Platz.

Abb. 30: Schulbildung unter Berücksichtigung der 3 Sprachebenen

Sprechsituation Freundes-, Bekanntenkreis

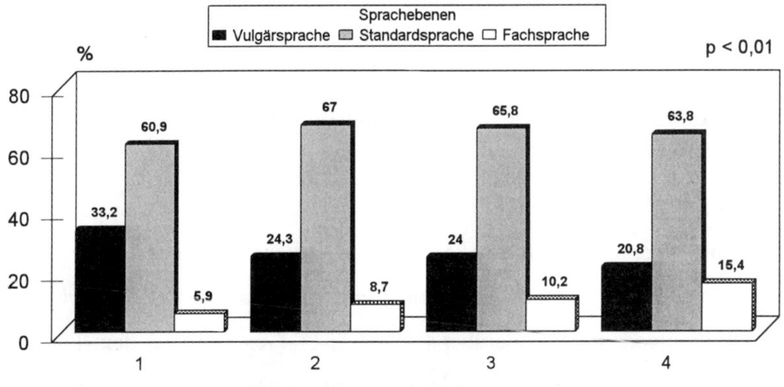

Gruppe	Vulgärsprache	Standardsprache	Fachsprache
1	33,2	60,9	5,9
2	24,3	67	8,7
3	24	65,8	10,2
4	20,8	63,8	15,4

$p < 0,01$

1 = Hauptschulabschluß ohne abgeschlossene Lehre (n = 129)
2 = Hauptschulabschluß mit abgeschlossener Lehre (n = 480)
3 = Mittlere Reife (n = 521)
4 = Abitur, Fachhochschulreife, Studium (n = 371)

Nur in den Gruppen zwei und drei erreichen die Anteile der *standardsprachlichen* Ausdrücke das Niveau des Prozentsatzes der undifferenzierten Fragestellung (65,2 %) bzw. den über ihn hinaus. In der Gruppe vier liegt der Prozentwert etwas darunter (63,8 %), und in der Gruppe eins ist er am niedrigsten (60,9 %). Das hängt offensichtlich mit dem erhöhten Prozentsatz der vulgärsprachlichen Sprachschicht zusammen.

Zweifellos ist in der ersten Gruppe der *vulgärsprachliche* Anteil am höchsten (33,2 %). Ein Drittel der Befragten ohne Lehre gebraucht also die gesellschaftlich nicht akzeptierten Ausdrücke in Gegenwart von festen Freunden und guten Bekannten. Die Anteile der zweiten und dritten Bildungsgruppe entsprechen dem Prozentsatz (24,1 %) in der allgemeinen Fragestellung. Deutlich liegt der erzielte Prozentsatz (20,8 %) der vierten Gruppe darunter.

Die *fachsprachlichen* Prozentsätze erreichen in dieser Sprechsituation die niedrigsten Anteile in allen vier Gruppen. Bei den Hauptschulabsolventen ohne abgeschlossene Lehre rutscht er auf 5,9 Prozentpunkte ab und in der Abiturientengruppe erreicht er immerhin noch 15,4 Prozent. Im Vergleich mit dem global erfaßten Anteil von 10,7 Prozent in dieser Sprechsituation kommt von den Gruppen eins bis drei nur diejenige mit mittlerer Reife an diesen Wert heran, während die Gruppe mit dem höchsten Bildungsabschluß (15,4 %) deutlich darüber liegt. Insgesamt macht der Abstand zwischen der ersten und der vierten Gruppe 9,5 Prozent aus. Dies ist gleichzeitig die größte Differenz, die in allen drei Sprechsituationen erzielt wird.

Sprechsituation ÖFFENTLICHKEIT
Gegenüber der Sprechsituation der Freunde und Bekannten liegen bei den Gesprächen über sexuelle Fragen im öffentlichen Kontext alle Anteile der *Standardsprache* in den vier Schulcodegruppen darüber (s. Abb. 31). Gemessen an dem Prozentsatz von 70,6 Prozent bei der allgemeinen Fragestellung gehen die erzielten Prozentwerte in der ersten (71,2 %) und in der dritten (72,6 %) Gruppe ein wenig darüber hinaus. Die Gruppe vier (70,1 %) erreicht fast diesen Anteil, während die Gruppe zwei (68,7 %) etwas darunter bleibt.

Abb. 31: Schulbildung unter Berücksichtigung der 3 Sprachebenen

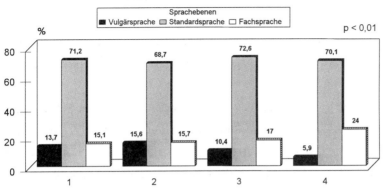

1 = Hauptschulabschluß ohne abgeschlossene Lehre (n = 131)
2 = Hauptschulabschluß mit abgeschlossener Lehre (n = 481)
3 = Mittlere Reife (n = 527)
4 = Abitur, Fachhochschulreife, Studium (n = 381)

Es ist klar, daß die Anteile der *Vulgärsprache* in dieser Sprechsituation erkennbar reduziert erscheinen. Bei den Befragten mit dem höchsten Schulabschluß sinkt dieser Anteil um fast 15 Prozent (14,9 %). Den höchsten Anteil erreicht die zweite Gruppe mit 15,6 Prozent, gefolgt von der ersten Gruppe mit dem Anteil von 13,7 Prozent. Im Vergleich mit dem Ausgangswert (vgl. oben) von 11,2 Prozent kommt die dritte Gruppe fast an diesen Prozentsatz heran, wohingegen die ersten beiden Gruppen deutlich darüber liegen und die vierte Gruppe um 5,3 Prozentpunkte weit darunter bleibt.

Die Anteile der *Fachsprache* steigen in allen vier Gruppen wieder an (s. Abb. 30), zum Teil beträchtlich (s. Gruppe eins: um 9,2 %, Gruppe vier: um 8,6 %). In den beiden zuletzt genannten Gruppen erhält sie einmal ihren niedrigsten (15,1 %), zum anderen ihren höchsten Wert (24 %). Betrachtet man den allgemeinen Ausgangspunkt von 18,2 Prozent, so wird dieser nur von denen mit dem höchsten Schulabschluß, und zwar deutlich übertroffen, während die Gruppen eins bis drei diesen Anteil prozentual nicht erreichen.

Situationsgemäß und kontextentsprechend herrschen die Anteile der Standardsprache bei allen Bildungsgruppen vor. Über zwei Drittel der Befragtengruppen verwenden also standardsprachliche Begriffe in der Öffentlichkeit. Mit großem Abstand folgt die Fachsprache mit einem Anteil zwischen 15 und 24 Prozent.

Die unterschiedlichen Anteile der drei Sprachebenen an der Sexualsprache können noch an einigen besonders herausragenden Ausdrücken konkretisiert werden.

So erhalten alle vulgärsprachlichen Bezeichnungen in der ersten Schulcodegruppe überdurchschnittliche prozentuale Zuwächse: „Möse" (18,9 %/11,9 %), „Schwanz" (28,4 %/16,4 %), „ficken" (16,1 %/10,1 %), „Bohne" (15,2 %/4,1 %), „Sack" (56,3 %/48,8 %), „vögeln" (28,1 %/19,3 %). Der höchste Unterschied zum Durchschnittswert der Stichprobe von 12 Prozent ist bei dem Ausdruck „Schwanz" festzustellen. Unterdurchschnittlich ist dagegen der fachsprachliche Begriff „Sexualakt" (31,9 %/37,1 %) in dieser Schulcodegruppe vertreten.

In der zweiten Gruppe wird der standardsprachliche Ausdruck „Kitzler" (72 %/67 %) und in der vierten Gruppe der fachsprachliche Begriff „Klitoris" (40,9 %/28,9 %) überdurchschnittlich verwendet. Bei den Befragten mit Abiturzeugnis beträgt dieser Unterschied sogar 12 Prozent. Die Gruppe zwei bevorzugt auch die vulgärsprachliche Bezeichnung „Eier" (19,5 %/14 %) gegenüber „Hoden" (78,7 %/83,6 %). In derselben Gruppe dominiert auch das Wort „bumsen" (20,6 %/15,4 %), wohingegen der fachsprachliche Ausdruck „Sexualakt" (31,2 %/37,1 %) weniger gebräuchlich ist.

Die Befragten der Gruppe vier verwenden in der öffentlichen Sprechsituation überdurchschnittlich das Sexualwort „Hoden" (91,5 %/83,6 %) und unterdurchschnittlich die vulgärsprachliche Bezeichnung „Eier" (5,4 %/14 %). Besonders beliebt in dieser Gruppe ist der Terminus „Sexualakt" (50,3 %/37,1 %). Hier ergibt sich ein enormer Unterschied zur Gesamtstichprobe, und zwar von 13,2 Prozent. Diese hohe Präferenz geht zu Lasten des standardsprachlichen Lexems „Liebe machen" (39,6 %/47,5 %). Von den beiden Schulcodegruppen eins und zwei wird der fachsprachliche Begriff „Sexualakt" signifikant unterdurchschnittlich verwendet.

Vor dem Hintergrund dieser Erkenntnisse ist zu konstatieren:
- Der Standardsprache kommt aus der differenzierten Sicht der Schulabschlüsse der Befragten hohe Wertschätzung zu.
- Die Vulgärsprache wird am häufigsten von Hauptschulabsolventen bevorzugt, am wenigsten von Personen mit Abiturzeugnis und Hochschulstudium.
- Die Fachsprache ist am meisten bei denen mit höherem Schulabschluß, am wenigsten bei denen mit Hauptschulabschluß beliebt.

Die Anteile der Sprachebenen in den Sprechsituationen aus der Sicht der Ortsgrößen

Bei der Auswertung des Fragebogens wurden fünf Ortsgrößen nach den BIK-Stadtregionen ausgewählt:

1. Gruppe: unter 5.000 Einwohner,
2. Gruppe: 5.000 - unter 20.000 Einwohner,
3. Gruppe: 20.000 - unter 100.000 Einwohner,
4. Gruppe: 100.000 - unter 500.000 Einwohner,
5. Gruppe: 500.000 und mehr Einwohner.

Sprechsituation FAMILIE

In der Gruppe 1 mit den Ortschaften bis zu 5.000 Einwohnern steht die *Standardsprache* hoch im Kurs (s. Abb. 32). Sie erreicht hier von allen Ortsgrößenkategorien den höchsten Prozentsatz (72,2 %) und damit 13,7 Prozentpunkte über dem Wert (58,5 %) des Anteils bei der allgemeinen Fragestellung. Am wenigsten wird in Familien der Mittelstädte (Gruppe 3) standardsprachlich (64,6 %) gesprochen. Den höchsten Anteil der *Vulgärsprache* findet man in der Gruppe 2, in den Kleinstädten. Am wenigsten wird in den kleinsten Orten vulgärsprachlich gesprochen - ebenso wie in den größten Städten. Die Bandbreite reicht von 11 bis 16,4 Prozent. Die Anteile liegen damit unter dem Prozentsatz (16,7 %) der allgemeinen Fragestellung.

Abb. 32: Ortsgrößen unter Berücksichtigung der 3 Sprachebenen

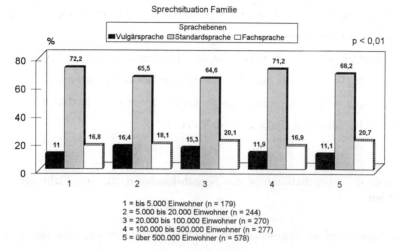

1 = bis 5.000 Einwohner (n = 179)
2 = 5.000 bis 20.000 Einwohner (n = 244)
3 = 20.000 bis 100.000 Einwohner (n = 270)
4 = 100.000 bis 500.000 Einwohner (n = 277)
5 = über 500.000 Einwohner (n = 578)

Am häufigsten bedient man sich der *Fachsprache* in den größten Städten (20,7 %) und zugleich in den Mittelstädten (20,1 %). Am wenigsten benutzt man in der Gruppe 1 (16,8 %) und Gruppe 4 (16,9 %) die lateinischen Fachwörter. Alle Anteile bleiben unter dem Prozentsatz von 24,8 bei dem undifferenzierten Frageergebnis, zum Teil beträchtlich (s. Gruppe 1: 8 %).

Sprechsituation FREUNDE/BEKANNTE

Durch die erhöhten Anteile der Vulgärsprache in dieser Sprechsituation (s. Abb. 33) schrumpfen die Prozentsätze der meisten Gruppen, außer in Gruppe 3, in der *Standardsprache*. Die Prozentwerte liegen zwischen 63,6 (Gruppe 2) und 68,7 (Gruppe 1).

Der niedrigste Prozentwert von Gruppe 2 erklärt sich aus dem Höchstwert der *Vulgärsprache* (27 %) innerhalb der fünf Gruppen. Den niedrigsten Prozentsatz erzielt die Gruppe 1 mit 22,9 Prozent. Er liegt jedoch in der Nähe des Anteils vulgärsprachlicher Begriffe an der Sexualsprache der Gruppe 4 (23 %). Außer dem etwas erhöhten Prozentwert in Gruppe 2 liegen andere Werte im Nahbereich der allgemeinen Fragestellung (24,1 %).

Abb. 33: Ortsgrößen unter Berücksichtigung der 3 Sprachebenen

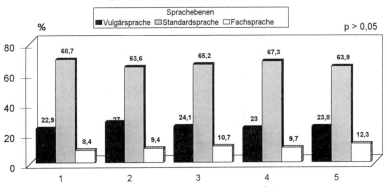

1 = bis 5.000 Einwohner (n = 171)
2 = 5.000 bis 20.000 Einwohner (n = 235)
3 = 20.000 bis 100.000 Einwohner (n = 262)
4 = 100.000 bis 500.000 Einwohner (n = 274)
5 = über 500.000 Einwohner (n = 559)

Im Vergleich mit der vorherigen Sprechsituation sind die Anteile der *Fachsprache* stark reduziert. Den niedrigsten Prozentsatz erblicken wir in der Gruppe 1 (8,4 %), den höchsten in Gruppe 5 (12,3 %). Vergegenwärtigt man sich den erzielten Prozentsatz für die Sprechsituation der Freunde und Bekannten in globalem Zusammenhang (10,7 %), so erscheinen die beiden Extremwerte vom Durchschnitt nicht allzuweit entfernt. Im übrigen sind die unterschiedlichen Prozentwerte durchaus verständlich, wenn man an die jeweils erreichten Bildungsabschlüsse und die Zusammensetzung der Bevölkerung denkt.

Nach dem von uns festgesetzten Signifikanzniveau ($p < 0,05$) sind die Ergebnisse in dieser Sprechsituation nicht signifikant.

Sprechsituation ÖFFENTLICHKEIT
In Dörfern und Kleinstädten erreicht der Anteil der *Standardsprache* den höchsten Prozentsatz (74,9 %). Drei Viertel der Einwohner verständigen sich bei sexuellen Themen also standardsprachlich, was freilich auch mit der Sicht des Kontextes erklärt werden kann. Der geringste Prozentwert wird in der Gruppe 2 erzielt, da insbesondere hier der höchste Anteil der Vulgärsprache festzustellen ist.

Abb. 34: Ortsgrößen unter Berücksichtigung der 3 Sprachebenen

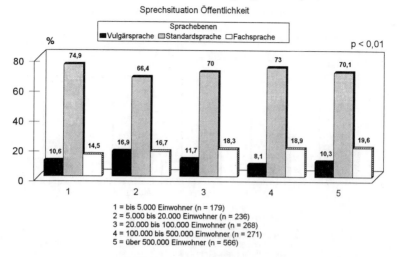

1 = bis 5.000 Einwohner (n = 179)
2 = 5.000 bis 20.000 Einwohner (n = 236)
3 = 20.000 bis 100.000 Einwohner (n = 268)
4 = 100.000 bis 500.000 Einwohner (n = 271)
5 = über 500.000 Einwohner (n = 566)

Außer in Gruppe 2 erreichen im Vergleich mit den beiden anderen Sprechsituationen alle Ortsgrößen die niedrigsten Prozentsätze bei den Anteilen der *Vulgärsprache*. Die einzelnen Prozentsätze liegen zwischen 8,1 (Gruppe 4) und 16,9 (Gruppe 2) Prozent. Vergleicht man nun diese Werte mit dem Prozentsatz der allgemeinen Fragestellung, so ist der Prozentwert der zweiten Gruppe mit einem Unterschied von 5,7 Prozentpunkten durchaus erhöht, der unterste Prozentsatz der vierten Gruppe weicht demgegenüber weniger (2,6 %) von dem Durchschnittswert ab.

Leicht einsehbar ist, daß der geringste Anteil (14,5 %) der *Fachsprache* in der ersten Ortsgrößengruppe anzutreffen ist. Den höchsten Prozentsatz finden wir in der Gruppe der Städte mit über 500.000 Einwohnern. An dem Anteil der allgemeinen Fragestellung (18,2 %) kommen die Gruppe 3 und 4, also die Mittel- und Großstädte, heran. Die Ergebnisse unterscheiden sich hochsignifikant ($p < 0,01$). Betrachten wir zudem noch ein paar einzelne Begriffe, die statistisch gesehen besonders auffällig waren. Sie unterscheiden sich entweder signifikant oder hochsignifikant von anderen Ergebnissen.

Dies trifft z. B. auf den häufigen Gebrauch der Bezeichnung des weiblichen Genitales zu. In Orten zwischen 5.000 und 100.000 Einwohnern (Codierung 2 und 3) wird der

Vulgärausdruck „Möse" überdurchschnittlich verwendet. In der Ortsgrößengruppe 2 wird dieser Begriff tendenziell öfter (16 %/11,9 %) benutzt als im Durchschnitt. Das hat zur Folge, daß der standardsprachliche Begriff „Scheide" tendenziell unterdurchschnittlich (16,7 %/70,1 %) gebraucht wird. In der Ortsgrößengruppe 3 ist der Unterschied noch etwas erhöht (16,7 %/11,9 %), so daß man schon von der unterdurchschnittlichen Verwendung des standardsprachlichen Ausdrucks sprechen kann. In der Gruppe 4 wird das Wort „Scheide" hingegen überdurchschnittlich (76,8 %/ 70,1 %), das fachsprachliche Synonym „Vagina" jedoch unterdurchschnittlich (13 %/ 17,9 %) verwendet.

Statistisch interessant ist ferner der Gebrauch der Sexualwörter im öffentlichen Zusammenhang aus der Sicht einzelner Ortsgrößen. In Ortschaften zwischen 5.000 und 20.000 Einwohnern (Gruppe 2) verwendet man den standardsprachlichen Ausdruck „Scham" überdurchschnittlich (86,2 %/81,3 %). Der fachsprachliche Begriff „Vulva" wird unterdurchschnittlich (8 %/14,9 %) gebraucht. In Orten über 500.000 Einwohnern bevorzugt man hingegen „Vulva" tendenziell überdurchschnittlich (18,4 %/ 14,9 %), den standardsprachlichen Begriff demgegenüber tendenziell unterdurchschnittlich (77,9 %/81,3 %).

In der Gruppe 2 wird der umgangssprachliche Ausdruck „Eier" überdurchschnittlich (22,6 %/14 %) verwendet, unterdurchschnittlich dagegen die standardsprachliche Bezeichnung „Hoden" (75,7 %/83,6 %).

Der Ausdruck „Liebe machen" wird in Orten unter 5.000 Einwohnern überdurchschnittlich (57,2 %/47,5 %) gebraucht, weniger beliebt ist dort dagegen der fachsprachliche Begriff „Sexualakt" (29,4 %/37,1 %).

In der nächsthöheren Ortsgrößenklasse (Gruppe 2) ist der vulgärsprachliche Begriff „bumsen" häufiger als anderswo im Gebrauch (21,6 %/15,4 %), weniger dagegen die standardsprachliche Bezeichnung „Liebe machen" (38,6 %/47,5 %). Anders ist dies allerdings in den Großstädten (Gruppe 4). Hier spricht man tendenziell weniger vom

„bumsen" (11 %/15,4 %), tendenziell überdurchschnittlich verwendet man dagegen den Terminus „Sexualakt" (40,3 %/37,1 %).

Als Quintessenz dieses Kapitels kann festgehalten werden:
- Die Standardsprache erfreut sich in allen Ortsgrößen allgemeiner Beliebtheit. Ihr Anteil liegt bei mehr als 64 Prozent.
- Die Vulgärsprache ist insbesondere mit Orten zwischen 5.000 und 20.000 Einwohnern (Gruppe 2) beliebt.
- Die Fachsprache wird besonders in Orten über 500.000 Einwohnern bevorzugt, allerdings gefolgt von den Ortsgrößengruppen 3 und 4.

Die Anteile der Sprachebenen in den Sprechsituationen aus der Sicht der Bundesländer

Zunächst sollen die Länder miteinander verglichen werden, bei denen die Untersuchungsergebnisse am augenfälligsten voneinander abweichen. Danach werden die Befunde in den fünf östlichen Bundesländern dargestellt und schließlich in einer ausführlicheren Betrachtung die Besonderheiten des sexuellen Sprachgebrauchs in allen Bundesländern untersucht.

Vergleich Rheinland-Pfalz/Saarland und Berlin

Die beiden Länder Rheinland-Pfalz und Saarland wurden aus statistischen Gründen zusammengefaßt. Ihre Ergebnisse werden mit denen in Berlin verglichen, weil sie sich von allen genannten Ländergruppen kontrastreich abheben.

Sprechsituation FAMILIE
Die Anteile der *Standardsprache* liegen mit 11,8 Prozentpunkten bedeutsam auseinander (s. Abb. 35). In Berlin ist dieser Prozentwert (63,9 %) jedoch noch 5,4 Prozent höher als der ermittelte Prozentsatz (58,5 %) für die von den Sprechsituationen unabhängige Fragestellung (s. oben).

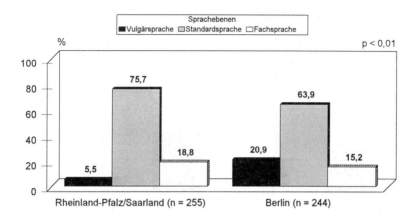

Abb. 35: Vergleich Rheinland-Pfalz/Saarland und Berlin unter Berücksichtigung der 3 Sprachebenen

Ein gravierender Unterschied ergibt sich bei der *Vulgärsprache*. Hier weichen die zu vergleichenden Länder um 15,4 Prozent voneinander ab. Jeder fünfte Befragte in Berlin und jeder achtzehnte Rheinland-Pfälzer bzw. Saarländer bedienen sich in ihrer Familie vulgärsprachlicher Ausdrücke. Bezogen auf das Ergebnis der allgemeinen Fragestellung bedeutet dies für Berlin ein Mehr von 4,2 Prozent und für Rheinland-Pfalz/Saarland ein Minus von 11,2 Prozent.

Der geringste Unterschied der drei Länder zeigt sich bei dem Gebrauch der *Fachsprache*. Für die beiden Flächenländer im mittleren Bundesgebiet liegt der Anteil bei 18,8 und der der Bundeshauptstadt bei 15,2 Prozent. Somit ergibt sich ein Unterschied von 3,6 Prozentpunkten. Im Hinblick auf den Befund der allgemeinen Frage (24,8 %) bleibt der fachsprachliche Anteil an der Sexualsprache in Berlin mit 9,6 Prozent bedeutsam darunter.

Sprechsituation FREUNDE/BEKANNTE
In diesem Kontext sind die vulgärsprachlichen Anteile der beiden Vergleichsgruppen, bezogen auf die familiale Sprechsituation, sichtbar erhöht.

Abb. 36: Vergleich Rheinland-Pfalz/Saarland und Berlin unter Berücksichtigung der 3 Sprachebenen

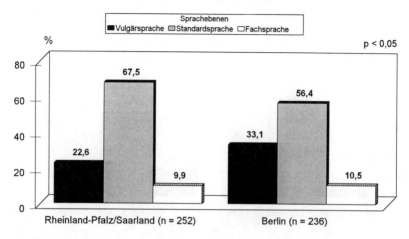

Dies hat seine Auswirkungen auf die Verwendung der *Standardsprache*. Der Anteil dieser Sprachebene sinkt bei den beiden Flächenländern auf 67,5 Prozent, in Berlin gar auf 56,4 Prozent. Verglichen mit dem Prozentwert der unspezifischen Fragestellung (65,2 %) ergibt sich für die erste Gruppe ein Plus von 2,3 Prozent und für die Bundeshauptstadt ein Minus von 8,8 Prozent.

Nicht zu übersehen ist der *vulgärsprachliche Anteil* von 33,1 Prozent in Berlin und der immerhin von 22,6 Prozent in den beiden anderen Bundesländern. Er macht also in der Bundeshauptstadt ein Drittel vom Gesamtanteil der Sexualsprache in dieser Sprechsituation aus. In Rheinland-Pfalz/Saarland ergibt sich ein Anteil von etwas mehr als einem Fünftel.

Die Anteile der *Fachsprache* liegen in den zu vergleichenden Bundesländern nicht weit auseinander. Für Berlin beträgt er 10,5 und für Rheinland-Pfalz/Saarland 9,9 Prozent. Damit zeigt sich auch eine gewisse Nähe zu dem Ergebnis der allgemeinen Frage in dieser Sprechsituation (10,7 %). Fachsprachlich gesehen ergeben sich also für die miteinander zu vergleichenden Gruppen keine großen Abweichungen.

Sprechsituation ÖFFENTLICHKEIT

Erstaunlich hoch ist bei den beiden Bundesländern im westlichen Deutschland der Anteil der *Standardsprache*: 83,1 Prozent, bedeutend geringer der der Berliner: 65,5 Prozent. Es ergibt sich eine Differenz von 17,6 Prozentpunkten. Im Vergleich mit dem Prozentwert der allgemeinen Frage zu dieser Sprachebene läßt sich einmal ein Übergewicht von 12,5 Prozent (Rheinland-Pfalz/Saarland), zum anderen ein Minus von 5 Prozentpunkten errechnen (s. Abb. 37).

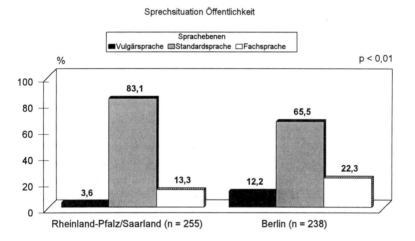

Abb. 37: Vergleich Rheinland-Pfalz/Saarland und Berlin unter Berücksichtigung der 3 Sprachebenen

Bei den Rheinland-Pfälzern und Saarländern erzielt der Anteil der *Vulgärsprache* den niedrigsten Prozentsatz (3,6 %), bei den Berlinern einen relativ niedrigen Wert (12,2 %). Der letztere liegt jedoch immer noch einen Prozentpunkt über dem Ergebnis der pauschalen Fragestellung (11,2 %). Den beiden anderen Bundesländern fehlen dagegen 7,6 Prozent an dieser Vorgabe. Zwischen den miteinander verglichenen Befragtengruppen ergibt sich ein Unterschied von 8,6 Prozent, der als bedeutsam anzusehen ist.

Auch bei der *Fachsprache* erzielen die beiden zusammengefaßten Bundesländer nicht den Befund der globalen Fragestellung (18,2 %). Es ergibt sich eine Differenz von 4,9

Prozent. Bei den Berlinern ist es umgekehrt. Hier wird ein Überhang von 4,1 Prozentpunkten erreicht. Der Unterschied zwischen beiden extremen Gruppen liegt bei genau 9 Prozentpunkten. Auch bedeutet dies einen hochsignifikanten Unterschied zwischen den hier verglichenen Bundesländern.

Vergleich der östlichen Bundesländer

Bevor im nächsten Kapitel auf die Besonderheiten des sexuellen Sprachgebrauchs in *allen* Bundesländern eingegangen wird, soll er vorab in den jungen Ländern im Hinblick auf seine Sprachformen dargestellt werden.

Sprechsituation FAMILIE
Die Anteile der *Standardsprache* (s. Abb. 38) reichen von 64,9 Prozent (Mecklenburg-Vorpommern) bis 75,5 Prozent (Brandenburg). Der letztere Prozentsatz erscheint hoch, wenn man bedenkt, daß in der Sprechsituation Familie ohne einen weiteren Bezug 58,5 Prozent ermittelt wurden. Dies heißt, daß das Land Brandenburg 17 Prozent und das Land Mecklenburg-Vorpommern 6,4 Prozent darüber liegen. In den drei anderen Ländern machen die Anteile der Standardsprache zwei Drittel des gesamten sexuellen Sprachgebrauchs aus.

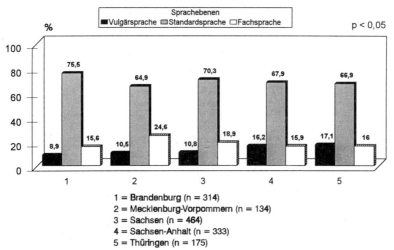

Abb. 38: Vergleich der Ost-Bundesländer unter Berücksichtigung der 3 Sprachebenen
Sprechsituation Familie

1 = Brandenburg (n = 314)
2 = Mecklenburg-Vorpommern (n = 134)
3 = Sachsen (n = 464)
4 = Sachsen-Anhalt (n = 333)
5 = Thüringen (n = 175)

Brandenburg tritt zugleich als das Bundesland in Erscheinung, in dem der Anteil der *Vulgärsprache* am niedrigsten (8,9 %) ist. Am häufigsten (17,1 %) dagegen bedient man sich vulgärsprachlicher Ausdrücke in Thüringen, wenn Eltern und Kinder über sexuelle Fragen sprechen. Dies bedeutet jedoch nur eine Erhöhung von 0,4 Prozent, wenn man das Ergebnis der allgemeinen Fragestellung (16,7 %) heranzieht. Für Brandenburg ergibt sich aus diesem Vergleich ein Minus von 7,8 Prozentpunkten, so daß dieses Ergebnis beachtenswert erscheint und nicht zuletzt mit der deutlichen Bevorzugung der Standardsprache zusammenhängt.

Den höchsten Anteil der *Fachsprache* erzielt das Land Mecklenburg-Vorpommern mit 24,6 Prozent, Brandenburg hingegen den niedrigsten Prozentwert (15,6 %). Zwischen diesen Extremwerten liegen genau 9 Prozentpunkte. Zieht man den errechneten Prozentwert (24,8 %) bei der allgemeinen Fragestellung heran, so kommt kein östliches Bundesland an diesen Wert heran. Das Land Brandenburg unterschreitet dieses Ergebnis mit 9,2 Prozent.

Sprechsituation FREUNDE/BEKANNTE

Der generell bei Freunden und Bekannten erhöhte Anteil der *Vulgärsprache* bedingt eine Reduzierung der Anteile für die Fach- und Standardsprache.

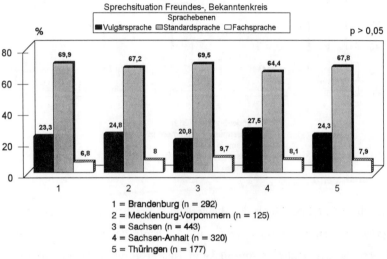

Abb. 39: Vergleich der Ost-Bundesländer unter Berücksichtigung der 3 Sprachebenen

1 = Brandenburg (n = 292)
2 = Mecklenburg-Vorpommern (n = 125)
3 = Sachsen (n = 443)
4 = Sachsen-Anhalt (n = 320)
5 = Thüringen (n = 177)

So erfahren die Prozentsätze der *Standardsprache* in den fünf Bundesländern unterschiedliche Einbußen. In vier Ländern liegen sie jedoch noch über 67 Prozent. Nur in Sachsen-Anhalt schrumpft der Anteil standardsprachlicher Begriffe noch darunter: auf 64,4 Prozent. Selbst dieses Ergebnis liegt jedoch noch in der Nähe des Befundes, der bei der allgemeinen Fragestellung (65,2 %) erzielt wurde.

Die eindeutige Nutznießerin in dieser Sprechsituation ist die *Vulgärsprache*. Ihre Anteile in den jungen Bundesländern liegen über 20 Prozent. Den niedrigsten Prozentsatz (20,8 %) finden wir bei dem Land Sachsen, den höchsten (27,5 %) bei Sachsen-Anhalt. Dieser letztere Prozentwert erscheint auch etwas erhöht, wenn man ihn mit dem Ergebnis der undifferenzierten Frage (24,1 %) vergleicht. Interessant ist auch der Vergleich mit den Anteilen der Vulgärsprache, die in der ersten Sprechsituation, der Familie, erreicht wurden. So ist der Anstieg in Sachsen-Anhalt keineswegs der höchste. Während er hier 11,3 Prozentpunkte beträgt, sind es in Brandenburg 14,4 Prozent und in Mecklenburg-Vorpommern 14,3 Prozent. Am kleinsten fällt die prozentuale Erhöhung in Thüringen aus, wenn der Zuwachs nur 7,2 Prozent beträgt. In diesem Bundesland wurde allerdings in der familialen Sprechsituation bereits der höchste Wert erzielt.

Die Anteile der *Fachsprache* gehen im Vergleich mit der Sprechsituation Familie in vier von fünf Ländern um etwa die Hälfte zurück. In Brandenburg fällt der Rückgang des fachsprachlichen Anteils besonders auffällig aus: 16,6 Prozent. Insgesamt erreichen die Prozentsätze der fachsprachlichen Ausdrücke nicht mehr als 10 Prozentpunkte. Den niedrigsten Wert (6,8 %) erzielt Brandenburg, den höchsten Prozentsatz (9,7 %) erreicht Sachsen. Da bei dem Ergebnis der allgemeinen Fragestellung 10,7 Prozent für die Fachsprache errechnet wurden, liegen alle prozentualen Anteile der zweiten Sprechsituation ein wenig darunter. Trotz einiger auffallender Unterschiede hinsichtlich der Daten bleiben sie unter dem von uns vereinbarten Signifikanzniveau ($p > 0{,}05$).

Sprechsituation ÖFFENTLICHKEIT
Für diesen Kontext typisch ist der erneute Zuwachs der standard- und fachsprachlichen Anteile an der Sexualsprache. Insgesamt ergeben sich signifikante ($p < 0{,}05$) Unterschiede zwischen den einzelnen Bundesländern.

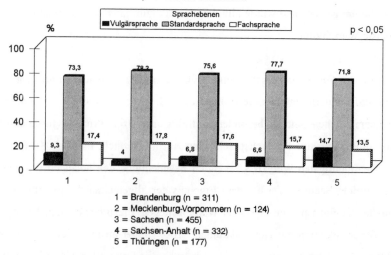

Abb. 40: Vergleich der Ost-Bundesländer unter Berücksichtigung der 3 Sprachebenen
Sprechsituation Öffentlichkeit

1 = Brandenburg (n = 311)
2 = Mecklenburg-Vorpommern (n = 124)
3 = Sachsen (n = 455)
4 = Sachsen-Anhalt (n = 332)
5 = Thüringen (n = 177)

Die Prozentwerte der *Standardsprache* steigen z. T. beträchtlich an. Am augenfälligsten zeigt sich das in Sachsen-Anhalt (13,3 %) und Mecklenburg-Vorpommern (11 %). Alle Prozentsätze liegen zwischen 71,8 und 78,2 Prozent. Dies bedeutet, daß alle Werte das Ergebnis der unspezifizierten Fragestellung von 70,6 Prozent übertreffen.

Die steigende Tendenz der Anteile standardsprachlicher Ausdrücke hat zur Folge, daß die Anteile der *Vulgärsprache* im ganzen sinken. Besonders drastisch fallen die Prozentsätze in den Ländern Sachsen-Anhalt (Unterschied: 20,9 %) und Mecklenburg-Vorpommern (Unterschied: 20,8 %) aus. Im letzteren Bundesland findet sich auch der niedrigste Anteil vulgärsprachlicher Ausdrücke (4 %), in Thüringen der höchste Prozentsatz von 14,7. Während vier Länder das Ergebnis der allgemeinen Fragestellung (11,2 %) nicht erreichen, liegt Thüringens Prozentwert um 3,5 Prozentpunkte darüber.

Auch die prozentualen Anteile der *Fachsprache* im öffentlichen Kontext, und zwar aller Ost-Länder, bleiben unter dem errechneten Prozentwert (18,2 %) des undifferenzierten Frageergebnisses. Die einzelnen Anteile liegen zwischen 13,5 Prozent (Thüringen) und 17,8 Prozent (Mecklenburg-Vorpommern). In den ersten drei Ländern liegen die Prozentwerte dicht beieinander.

Überblickt man nun die Ergebnisse der drei Sprechsituationen, so ist noch auf folgendes hinzuweisen. Das Land Brandenburg ist im Vergleich mit den vier anderen östlichen Bundesländern in besonderem Maße standardsprachlich orientiert. Die Einzeldaten sind ebenfalls, an den Prozentsätzen der allgemeinen Fragestellung gemessen, erhöht. Mecklenburg-Vorpommern nimmt eine Sonderstellung im Bereich der Fachsprache ein. Die Werte überschreiten jedoch nicht die Befunde der pauschalen Frage. Das Land Thüringen erreicht in allen drei Sprechsituationen die Spitzenstellung in der Vulgärsprache und geht auch jedesmal ein wenig über die erzielten Daten bei den undifferenzierten Fragen hinaus. Hervorzuheben ist in diesem Zusammenhang noch - wie bereits oben festgestellt - , daß Sachsen-Anhalt in der Sprechsituation der Freunde und Bekannten den höchsten Anteil bei der Verwendung vulgärsprachlicher Ausdrücke hat und der auch über den Durchschnittswert hinausgeht.

Wie diese voneinander abweichenden und überdurchschnittlichen Ergebnisse zustande kommen, kann möglicherweise das nächste Kapitel erhellen, in dem nicht nur auf die signifikanten Einzelbefunde der östlichen, sondern auch der westlichen Länder eingegangen wird.

Vergleich des über- und unterdurchschnittlichen Gebrauchs der Sexualwörter in allen Bundesländern

Aus statistischen Gründen wurden vier alte Bundesländer zur Gruppe „Nord" zusammengefaßt: Bremen, Hamburg, Schleswig-Holstein und Niedersachsen. Ebenso bilden die Länder Rheinland-Pfalz und Saarland, wie schon oben dargestellt, eine Grundeinheit. In der Tabelle 2 sind die Ergebnisse der 12 codierten Bundesländer übersichtlich zusammengefaßt. Das Pluszeichen bedeutet die rechnerisch ermittelte überdurchschnittliche, das Minuszeichen die unterdurchschnittliche Bewertung des jeweiligen Sexualwortes. Die Tabelle informiert ferner über das jeweilige Signifikanzniveau der Unterschiede oder darüber, wenn die Ergebnisse keine signifikanten Unterschiede aufweisen ($p > 0{,}05$). Die letztere Bewertung traf allerdings nur zweimal zu: auf die Frage 1a und 2c.

Tab. 2: Kreuztabelle: Bundesländer (codiert) mit drei Fragen

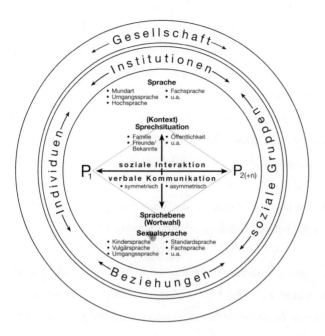

Bei folgenden Ausdrücken erzielt keines der 12 codierten Bundesländer ein über- oder unterdurchschnittliches Ergebnis. Alle diese Daten liegen also im Duchschnitt des Bundesgebietes. Nicht zuletzt ist der Grund auch in der geringen Anzahl der Nennungen jener Begriffe zu suchen: kohabitieren, Skrotum, koitieren, Düse, Testes.

Auf ein übergreifendes Ergebnis ist noch aufmerksam zu machen. In allen östlichen Bundesländern wird der fachsprachliche Terminus „Klitoris" unterdurchschnittlich und der standardsprachliche Ausdruck „Kitzler" - außer in Sachsen-Anhalt - überdurchschnittlich bewertet. In Sachsen-Anhalt wird nur der Begriff „Klitoris" unterbewertet.

Die Einzelbefunde in den 12 Grundeinheiten der Bundesländer werden nacheinander vorgestellt.

Nord (Bremen, Hamburg, Niedersachsen, Schleswig-Holstein)

Der Norden erzielt meistens durchschnittliche Werte. Der Ausdruck „Penis" (F1b/F) wird unterdurchschnittlich (39,8 %/45,3 %) verwendet. Ebenso verhält es sich mit der Redewendung „miteinander ins Bett gehen" (F2c/S). Sie liegt 5,3 Prozentpunkte unter dem Durchschnittswert (74,2 %/79,5 %). Überdurchschnittlich wird dagegen der Vulgärausdruck „Eier" (19 %/14 %), unterdurchschnittlich demgegenüber die standardsprachliche Bezeichnung „Hoden" (78,2 %/83,6 %) gebraucht.

Nordrhein-Westfalen

Auch im bevölkerungsreichsten Bundesland liegen die Prozentwerte fast immer im Durchschnitt. Nur bei vier Sexualwörtern zeigen sich Besonderheiten. Bevorzugt wird einmal der Begriff „Scheide" (75 %/70,1 %), zum anderen der Terminus „Penis" (44 %/38,3 %). Bei dem standardsprachlichen Ausdruck „Hodensack" (55,8 %/ 48,5 %) wird ein überdurchschnittlicher, bei der vulgärsprachlichen Bezeichnung „Sack" hingegen ein unterdurchschnittlicher Prozentsatz (43 %/48,8 %) erzielt.

Hessen

In Hessen zeigen die Ergebnisse unterschiedliche Tendenzen. Die Fachsprache wird in diesem Bundesland viermal über- und die Vulgärsprache dreimal unterdurchschnittlich verwendet. Bei den fachsprachlichen Begriffen handelt es sich um die Sexualwörter: „Vagina" (23,1 %/17,9 %), „Penis" (50 %/38 %), „Klitoris" (44 %/ 28,9 %), „Vulva" (31,1 %/14,9 %). Dreimal werden infolgedessen die standardsprachlichen Bezeichnungen unterdurchschnittlich gebraucht: „Glied" (37,2 %/ 45,3 %), „Kitzler" (56 %/67 %), „Scham" (63,5 %/81,7 %).

Unter den vulgärsprachlichen Begriffen werden bevorzugt: „Sack" (57,9 %/48,8 %), „vögeln" (24,4 %/19,3 %) und „bumsen" (20,8 %/15,4 %). Die standardsprachlichen Ausdrücke werden hingegen unterdurchschnittlich bewertet.

Auffällig in diesem Bundesland ist weiterhin, daß entweder die Fach- oder die Vulgärsprache überdurchschnittlich verwendet wird. Diese Präferenz geht dann zu Lasten der Standardsprache (fünfmal von neun möglichen Nennungen). Interessant ist außerdem das Ergebnis, das der Begriff „Sexualakt" erzielt. In Hessen wird er unterdurchschnittlich gebraucht, obwohl er im allgemeinen einen hohen Stellenwert hat.

Rheinland-Pfalz/Saarland

In diesen beiden Ländern werden die häufigsten überdurchschnittlichen Prozentsätze für die Standardsprache, und zwar in den Sprechsituationen „Familie" und „Öffentlichkeit" vorgefunden. Unter Freunden und Bekannten erhalten die drei Sprachformen bundesdurchschnittliche Werte.

Um das Ausmaß der über- und unterdurchschnittlichen Unterschiede deutlich zu machen, werden die Prozentsätze im einzelnen mitgeteilt. *Standardsprache* (überdurchschnittlich): „Scheide" (87,1 %/70,1 %), „miteinander schlafen" (97,6 %/88,7 %), „Scham" (91,8 %/81,3 %), „Hoden" (94,1 %/83,6 %), „Liebe machen" (63,5 %/47,5 %). Die erzielten Werte liegen meistens mehr als 10 Prozentpunkte höher als die Angaben für den Bundesdurchschnitt.

Vulgärsprache (unterdurchschnittlich): „Möse" (4,7 %/11,9 %), „Schwanz" (9,4 %/16,4 %), „ficken" (2,4 %/10,4 %), „Eier" (5,9 %/14 %), „bumsen" (4,7 %/ 15,4 %). Die Prozentsätze der gesellschaftlich kaum akzeptierten Begriffe sind in Rheinland-Pfalz und im Saarland stark reduziert: um die Hälfte oder auch ein Drittel bzw. ein Viertel der bundesdeutschen Ergebnisse.

Fachsprache (überdurchschnittlich): „Penis" (48,2 %/38,3 %); (unterdurchschnittlich): „Vagina" (8,2 %/17,9 %), „Vulva" (8,2 %/14,9 %), „Sexualakt" (31,8 %/ 37,1 %). In beiden Ländern wird der Ausdruck „Penis" dem des „Gliedes" vorgezogen. Ansonsten sind fachsprachliche Bezeichnungen kaum beliebt.
In keinem anderen Bundesland dominiert die Standardsprache in einem solchen Ausmaß wie in Rheinland-Pfalz/Saarland.

Baden-Württemberg

Dieses Land weicht im Gegensatz zu anderen Bundesländern nur bei wenigen Sexualwörtern vom Bundesdurchschnitt ab: überdurchschnittliche Bewertung: „Glied" (55,1 %/45,3 %), „Klitoris" (42,6 %/28,9 %), „Hodensack" (55,2 %/42,4 %); unterdurchschnittliche Bewertung: „Penis" (29,9 %/38,3 %), „Kitzler" (53,7 %/ 67 %), „Sack" (42,4 %/48,8 %), „Scham" (75,8 %/81,3 %).

Bevorzugt wird jeweils ein standardsprachlicher Begriff in der Familie sowie unter Freunden und Bekannten. In der letzteren Sprechsituation ist noch die fachsprachliche Bezeichnung „Klitoris" beliebt.

Bayern

Der Freistaat Bayern erzielt in der *Standardsprache* viermal unterdurchschnittliche und in der *Vulgärsprache* zweimal überdurchschnittliche Werte: „Glied" (39,4 %/ 45,3 %), „miteinander schlafen" (83,5 %/88,7 %), „Scham" (76,3 %/81,3 %), „Hoden" (75,5 %/83,6 %); „ficken" (15,4 %/10,1 %), „Eier" (20,2 %/14 %).

Die vom Bundesdurchschnitt abweichenden Sexualwörter finden sich allein in der familialen oder öffentlichen Sprechsituation. Die Sexualsprache der Bayern unterscheidet sich in Gesprächen mit Freunden und Bekannten nicht besonders von der in den übrigen Bundesländern.

Berlin

Daß in der Bundeshauptstadt die *Vulgärsprache* außergewöhnlich häufig verwendet wird, wurde oben schon festgestellt. Betrachtet man die einzelnen Begriffe, so trifft dies bei allen Ausdrücken in der Sprechsituation Familie und Freunde/Bekannte zu. In der Öffentlichkeit scheint man etwas zurückhaltender zu sein. Allerdings erzielt der Vulgärausdruck „bumsen" in dieser Sprechsituation einen überdurchschnittlichen Prozentsatz im Vergleich mit allen anderen Ländern.

Die Ergebnisse im einzelnen:

Überdurchschnittliche Bewertung der *vulgärsprachlichen* Bezeichnungen: „Möse" (19,8 %/11,9 %), „Schwanz" (26,3 %/16,4 %), „ficken" (16,9 %/10,1 %), „Bohne" (14,5 %/4,1 %), „Sack" (60,5 %/48,8 %), „vögeln" (25 %/19,3 %), „bumsen" (20,5 %/15,4 %).

Unterdurchschnittliche Bewertung der *standardsprachlichen* Begriffe: „Scheide" (60,5 %/70,1 %), „miteinander schlafen" (83,1 %/88,7 %), „Kitzler" (60,5 %/67 %), „Hodensack" (32,9 %/48,5 %), „miteinander ins Bett gehen" (73,8 %/79,5 %), „Scham" (69,7 %/81,3 %).

Bei den *fachsprachlichen* Sexualwörtern wird zum einen „Vulva" stark bevorzugt (27,6 %/14,9 %), zum anderen „Penis" weniger als im Bundesdurchschnitt (26,3 %/38,3 %) verwendet.

Die Vulgärsprache erhält in Berlin, insbesondere in den ersten beiden Sprechsituationen, den höchsten Zuspruch. Dagegen wird die Standardsprache eher abgelehnt. Die Fachsprache liegt, außer dem gesamten Ergebnis von „Vulva", im Bundesdurchschnitt. Die erzielten Prozentwerte zwischen Berlin und dem Ergebnis der Nennungen aller Bundesländer weisen z. T. beträchtliche Unterschiede auf, so daß unsere ersten allgemeinen Aussagen auch von diesen Einzelergebnissen her gestützt werden.

Brandenburg

Im Land Brandenburg sind die meisten überdurchschnittlichen Werte bei der *Standardsprache* auszumachen. Außerdem wird noch ein vulgärsprachlicher Ausdruck präferiert. Zu den unterdurchschnittlich bewerteten Sexualwörtern gehören drei *vulgärsprachliche* Begriffe sowie eine *fachsprachliche* und eine *standardsprachliche* Bezeichnung.

Im einzelnen ergaben sich folgende Ergebnisse:

Überdurchschnittlich bewertete Ausdrücke: „Glied" (58,3 %/45,3 %) „miteinander schlafen" (97,2 %/88,7 %), „Kitzler" (77,4 %/67 %), „miteinander ins Bett gehen" (91,5 %/79,5 %), „Sack" (59,1 %/48,8 %), „Hoden" (88,6 %/83,6 %).
Unterdurchschnittlich bewertete Begriffe: „Penis" (28,2 %/38,3 %), „ficken" (1,9 %/10,1 %), „Klitoris" (18,3 %/28,9 %), „Hodensack" (37,6 %/48,5 %), „vögeln" (8,5 %/19,3 %).

Alle nichtgenannten Sexualwörter entsprechen in diesem Bundesland den Ergebnissen des Bundesdurchschnitts.

Mecklenburg-Vorpommern

In Mecklenburg-Vorpommern werden die standardsprachlichen Begriffe in sechs von neun möglichen Fragen überdurchschnittlich und insbesondere in allen Fragen der Sprechsituation Öffentlichkeit zugunsten der Sprachform der Standardsprache bewertet. Unterdurchschnittliche Bewertungen erfahren dagegen drei standardsprachliche Ausdrücke.

Überdurchschnittliche Bewertung der *Standardsprache*: „miteinander schlafen" (95,6 %/88,7 %), „Kitzler" (72,5 %/67 %), „miteinander ins Bett gehen" (88,9 %/79,5 %), „Scham" (89,2 %/81,3 %), „Hoden" (93,2 %/83,6 %), „Liebe machen" (53,5 %/47,5 %).
Unterdurchschnittliche Bewertung der *Standardsprache*: „Scheide" (62,2 %/70,1 %), „Glied" (36,4 %/45,3 %), „Hodensack" (37,5 %/48,5 %).
Überdurchschnittliche Bewertung der *Vulgärsprache*: „Sack" (57,5 %/48,8 %).
Unterdurchschnittliche Bewertung der *Vulgärsprache:* „ficken" (4,4 %/10,1 %), „vögeln" (11,1 %/19,3 %), „Eier" (4,5 %/14 %), „bumsen" (4,7 %/15,4 %).
Überdurchschnittliche Bewertung der *Fachsprache:* „Vagina" (24,4 %/17,9 %), „Penis" (50 %/38,3 %).
Unterdurchschnittliche Bewertung der *Fachsprache:* „Klitoris" (20 %/28,9 %), „Vulva" (8,1 %/14,9 %).

Das Land Mecklenburg-Vorpommern zeichnet sich gegenüber anderen Bundesländern dadurch aus, daß die bekanntesten Sexualwörter entweder überdurchschnittlich befürwortet oder abgelehnt werden.

Sachsen

Im Fragenkomplex Familie werden nur durchschnittliche Werte erzielt. Die Anzahl der Nennungen weicht also nicht vom Bundesdurchschnitt ab. Ansonsten werden noch drei Abweichungen vom Durchschnitt erzielt: Einmal wird der *standardsprachliche* Ausdruck „Kitzler" überdurchschnittlich (72,7 %/67 %) und der *fachsprachliche* Terminus „Klitoris" dagegen unterdurchschnittlich (23,8 %/28,9 %) gebraucht.

Die beiden anderen Abweichungen liegen in der Sprechsituation Öffentlichkeit. So wird die *standardsprachliche* Bezeichnung „Scham" (87,6 %/81,3 %) überdurchschnittlich und der *Vulgärausdruck* „Eier" (7,7 %/14 %) unterdurchschnittlich beurteilt bzw. angewendet.

Sachsen-Anhalt

Auch in diesem Land zeigen sich unterschiedliche Tendenzen. Bei den Fragen 1a, 2b und 2c liegen die ermittelten Werte im Durchschnitt.

Bei folgenden Begriffen werden Werte erreicht, die unter dem Durchschnitt liegen: „Penis" (27 %/38,3 %), „miteinander schlafen" (81,6 %/88,7 %), „Klitoris" (21,4 %/28,9 %), „Vulva" (7,3 %/14,9 %), „Eier" (8 %/14 %), „bumsen" (9,9 %/ 15,4 %).

Überdurchschnittliche Bewertung erzielten hingegen *standardsprachliche* Ausdrücke: „Glied" (54,1 %/45,3 %), „Scham" (90,8 %/81,3 %), „Hoden" (90,2 %/83,6 %).

Sechs überdurchschnittlichen Bewertungen stehen hier drei unterdurchschnittliche Beurteilungen bei insgesamt 27 Ergebnissen gegenüber.

Thüringen

In Thüringen überwiegt vergleichsweise die Anzahl der überdurchschnittlichen Befunde.

So erzielen vier Begriffe - zwei *vulgär-* und zwei *standardsprachliche* Bezeichnungen - überdurchschnittliche Werte: „Möse" (19 %/11,9 %), „Eier" (20 %/14 %), „Kitzler" (78 %/67 %), „Scham" (89,5 %/81,3 %).

Drei Ausdrücke werden im Vergleich mit allen Bundesländern unterdurchschnittlich bewertet: „Penis" (31 %/38,3 %), „Klitoris"(22 %/28,9 %), „Vulva" (7 %/14,9 %). Es handelt sich ausschließlich um *fachsprachliche* Begriffe, die von den Thüringern weniger als sonst verwendet werden.

Am Schluß dieses Kapitels sollen in einem Überblick die Sexualwörter zusammengestellt werden, die in den einzenen Bundesländern überdurchschnittlich verwendet werden bzw. eine im Bundesgebiet überdurchschnittliche Bewertung erfahren haben. Die fachsprachlichen Bezeichnungen „"kohabitieren", „Skrotum", „koitieren", „Testes" und „Sexualakt" wurden in keinem Land überdurchschnittlich bewertet, ebensowenig wie der umgangssprachliche Begriff „Düse".

In den Ländern überdurchschnittlich bewertete Sexualwörter

Sexualwort   *Bundesland*

Sprechsituation
FAMILIE (F1a-F 1c)

Möse (F 1a/V)	Berlin, Thüringen
Scheide (F1a/S)	Nordrhein-Westfalen, Rheinland-Pfalz/Saarland
Vagina (F1 a/F)	Hessen, Mecklenburg-Vorpommern
Schwanz (F 1b/V)	Berlin
Glied (F1b/S)	Baden-Württemberg, Brandenburg, Sachsen-Anhalt
Penis (F 1b/F)	Nordrhein-Westfalen, Rheinland-Pfalz/Saarland, Mecklenburg-Vorpommern
ficken (F 1c/V)	Bayern, Berlin
miteinander schlafen (F 1c/S)	Rheinland-Pfalz/Saarland, Brandenburg, Mecklenburg-Vorpommern
kohabitieren (F 1c/F)	-

Sprechsituation
FREUNDE/BEKANNTE
(F 2a-F 2c)

Bohne (F 2a/V)	Berlin
Kitzler (F 2a/S)	Brandenburg, Mecklenburg-Vorpommern, Sachsen, Thüringen, Hessen, Baden-Württemberg
Klitoris (F 2a/F)	Hessen, Baden-Württemberg
Sack (F 2b/V)	Hessen, Berlin, Brandenburg, Mecklenburg-Vorpommern
Hodensack (F 2b/S	Nordrhein-Westfalen, Baden-Württemberg
Skrotum (F 2b/F)	-
vögeln ((F 2c/V)	Hessen, Berlin
miteinander ins Bett gehen (F 2c/S)	Brandenburg, Mecklenburg-Vorpommern
koitieren (F 2c/F)	-

Sprechsituation
ÖFFENTLICHKEIT
(F 3a-F 3c)

Düse (F 3a/V)	-
Scham (F 3a/S)	Rheinland-Pfalz/Saarland, Mecklenburg-Vorpommern, Sachsen, Sachsen-Anhalt, Thüringen
Vulva (F 3a/F)	Hessen, Berlin
Eier (F 3b/V)	Nord, Bayern, Thüringen
Hoden (F 3b/S)	Rheinland-Pfalz/Saarland, Bayern, Mecklenburg-Vorpommern, Thüringen
Testes (F 3b/F)	-
bumsen (F 3c/V)	Hessen, Berlin
Liebe machen (F 3c/S)	Rheinland-Pfalz/Saarland, Mecklenburg-Vorpommern
Sexualakt ((F 3c/F)	-

4. Zusammenhänge von Sprachebenen innerhalb einer Sprechsituation und zwischen verschiedenen Kontexten

Bisher wurden die einzelnen Sexualwörter vor dem Hintergrund der jeweiligen Sprachebene und Sprechsituation interpretiert. Mit Hilfe von Kreuztabellen ist es weiterhin möglich, die Zusammenhänge zwischen den Begriffen innerhalb einer Sprechsituation und auch übergreifend zwischen zwei und drei Sprechsituationen aufzuzeigen.

Vornehmlich wird von der Hypothese ausgegangen, daß die Wortkombinationen vorrangig gewählt werden, die ein und derselben Sprachform angehören. Wer also, um ein Beispiel zu nennen, in der Öffentlichkeit hauptsächlich den standardsprachlichen Ausdruck „Scham" verwendet, wird auch eher den Begriff „Hoden" in derselben Sprechsituation gebrauchen. Weiterhin wäre zu untersuchen, ob sich unsere Hypothese auch in den die Sprechsituationen übergreifenden Wortkombinationen bestätigen läßt.

Schon an dieser Stelle kann gesagt werden, daß alle hier berichteten Wortkombinationen hochsignifikante Zusammenhänge ($p < 0{,}01$) aufweisen. Im allgemeinen werden nur die Kombinationen beschrieben, die die drei häufigsten Nennungen erhalten haben.

4.1 Wortkombinationen von Sexualwörtern gleicher und verschiedener Sprachebenen innerhalb einer Sprechsituation

Zweifache Wortkombinationen innerhalb der drei Sprechsituationen

Sprechsituation FAMILIE

Ergebnisse der *zweifachen Kreuztabelle* F 1a (Möse, Scheide, Vagina) mit F 1b (Schwanz, Glied, Penis):
GN (Gesamtzahl der Nennungen): 1.527 (94,9 %)

Diejenigen, die den Begriff „*Scheide*"/S verwenden, gebrauchen auch den Ausdruck „*Glied*"/S (54,3 %). Insgesamt erreicht diese Kombination 580 Nennungen. Dies bedeutet einen Anteil an der Gesamtzahl der Nennungen (n = 1.527) von 38 Prozent.

Diejenigen Befragten, die den Ausdruck „*Scheide*"/S bevorzugen, sprechen auch vom Ausdruck „*Penis*"/F (36,5 %). Bei 390 Nennungen errechnet sich ein Anteil an der Gesamtzahl der Nennungen von 25,5 Prozent.

Wer das Wort „*Vagina*"/F den synonymen Begriffen der beiden anderen Sprachebenen vorzieht, gebraucht auch den Terminus „*Penis*"/F (63,5 %). Die 174 Nennungen entsprechen einem Anteil an der Gesamtzahl der Nennungen von 11,4 Prozent.

Bedenkt man, daß der fachsprachliche Begriff „Penis" heute fast standardsprachliche Akzeptanz genießt, so wird die Hypothese in diesem Fragenkomplex bestätigt.

Ergebnisse der Kreuztabelle F 1a (Möse, Scheide, Vagina) mit F 1c (ficken, miteinander schlafen, kohabitieren):
GN: 1.523 (94,7 %)

Die Befragten, die den Ausdruck „*Scheide*"/S verwenden, bevorzugen auch die Bezeichnung „*miteinander schlafen*"/S (95,4 %). Diese Kombination erzielt 1.018 Nennungen und erreicht somit einen Anteil an der Anzahl der Gesamtnennungen (1.523) von 66,8 %.

Diejenigen, die den Begriff „*Vagina*"/F benutzen, entscheiden sich auch für das Lexem „*miteinander schlafen*"/S (91,9 %). Bei 251 Nennungen erhalten wir den prozentualen Anteil an den Gesamtnennungen von 16,5 Prozent.

Wer ferner den Vulgärausdruck „*Möse*" gebraucht, wählt ebenso den Begriff „*ficken*"/V (55,7 %). Dies bedeutet bei 102 Nennungen dieser Kombination einen Anteil von 6,7 Prozent an der Gesamtzahl der Nennungen.

Während bei den drei Wortkombinationen die Hypothese zweimal bestätigt wird, trifft sie einmal nicht zu, wenn mit der standardsprachlichen Redensart „miteinander schlafen" der fachsprachliche Terminus „Vagina" zusammen verwendet wird. Das Wort „Vagina" erzielt in beiden Kreuztabellen einen Anteil von 17,9 Prozent und ist im Vergleich mit den beiden anderen synonymen Bezeichnungen (Scheide: 70 %, Möse: 12 %) der am zweithäufigsten gewählte Ausdruck für das weibliche Genitale.

Ergebnisse der Kreuztabelle F 1b (Schwanz, Glied, Penis) mit F 1c (ficken, miteinander schlafen, kohabitieren):
GN: 1.528 (95 %)

Diejenigen, die das Wort *„Glied"/S* verwenden, wählen auch die Bezeichnung *„miteinander schlafen"/S* (96,5 %). Bei 668 Nennungen ergibt sich ein Anteil von 43,7 Prozent am Gesamtanteil der Nennungen.

Nicht viel weniger beliebt ist die Kombination „Penis" und „miteinander schlafen" (95 %). Hier entspricht der Anteil von 555 Nennungen der Gesamtzahl der Nennungen von 36,3 Prozent. Am dritthäufigsten treten die beiden Ausdrücke *„Schwanz"/V* und *„miteinander schlafen"/S* (51,2 %) in Erscheinung. Die 129 Nennungen machen einen Anteil von 8,4 Prozent im Hinblick auf die Anzahl der Gesamtnennungen aus.

Die Hypothese trifft auf die erste Wortkombination zu. Zwei standardsprachliche Bezeichnungen, „Glied" und „miteinander schlafen" werden zusammen verwendet. Bei der zweit- und dritthäufigsten Wortwahl wird jeweils ein standardsprachlicher Ausdruck mit einem fachsprachlichen Terminus (Penis) und einem Vulgärausdruck (Schwanz) kombiniert, so daß die Hypothese für diese beiden Wortpaare nicht bestätigt wird.

Für die Sprechsituation Familie kann also festgestellt werden, daß in der am häufigsten gewählten Wortkombination zwei standardsprachliche Begriffe bevorzugt werden. Darüber hinaus ergeben sich weitere Verbindungen von Sprachebenen, z. B.

zwischen zwei fachsprachlichen Ausdrücken (Vagina, Penis) und vulgärsprachlichen Wörtern (Möse, ficken). Darüber hinaus lassen sich Mischformen der drei Sprachformen (Vagina, miteinander schlafen; Schwanz, miteinander schlafen) beobachten.

Sprechsituation FREUNDE/BEKANNTE

Ergebnisse der Kreuztabelle F 2a (Bohne, Kitzler, Klitoris) mit F 2b (Sack, Hodensack, Skrotum):
GN: 1.435 (89,2 %)

Wer den standardsprachlichen Ausdruck *„Kitzler"* unter Freunden und Bekannten gebraucht, wählt auch genauso häufig den Vulgärausdruck *„Sack"* (57,8 %). Da 557 Nennungen registriert wurden, ergibt sich ein Anteil von 38,8 Prozent an den Gesamtnennungen.

Diejenigen, die den Begriff *„Kitzler"*/S verwenden, sprechen auch vom *„Hodensack"*/S (41 %). 395 Nennungen für diese Kombination bedeuten 27,5 Prozent im Verhältnis zur Gesamtmenge der Nennungen.

Als dritthäufigste Wortkombination wurden die Bezeichnungen *„Klitoris"*/F und *„Hodensack"*/S festgestellt (71,6 %). 295 Nennungen bedeuten den Anteil von 20,6 Prozent an der Anzahl der Gesamtnennungen.

Unsere Hypothese läßt sich nur bei dem am zweithäufigsten Wortpaar (Kitzler, Hodensack) bestätigen. Am häufigsten wird die Kombination eines standardsprachlichen (Kitzler) mit einem vulgärsprachlichen Ausdruck (Sack) gewählt. Auch die beiden Begriffe, die an dritter Stelle stehen (Klitoris, Hodensack), entstammen zwei verschiedenen Sprachebenen, der Fach- und Standardsprache.

Ergebnisse der Kreuztabelle F 2a (Bohne, Kitzler, Klitoris) mit F 2c (vögeln, miteinander ins Bett gehen, koitieren):
GN: 1.454 (90,4 %)

Die Befragten, die den Begriff „Kitzler"/S verwenden, gebrauchen auch den Ausdruck „miteinander ins Bett gehen"/S (75,4 %). Bei 734 Nennungen dieser Kombination ergibt sich ein Anteil von 50,5 Prozent an der Gesamtzahl der Nennungen.

Bei dem am zweithäufigsten gewählten Wortpaar repräsentieren die beiden Sexualwörter: „Klitoris"/F und „miteinander ins Bett gehen"/S (92,4 %) zwei verschiedene Sprachebenen. 388 Nennungen entsprechen 26,7 Prozent der Anzahl der Gesamtnennungen.

Auch bei der am dritthäufigsten gewählten Wortkombination handelt es sich um Bezeichnungen, die zwei unterschiedlichen Sprachformen angehören: „Kitzler"/S und „vögeln"/V (24,2 %). 236 Nennungen ergeben 16,2 Prozent der Gesamtnennungen.

Ergebnisse der Kreuztabelle F 2b (Sack, Hodensack, Skrotum) mit F 2c (vögeln, miteinander ins Bett gehen, koitieren):
GN: 1.477 (91,8 %)

Wer den standardsprachlichen Begriff „Hodensack" benutzt, gebraucht auch das Lexem „miteinander ins Bett gehen"/S (94 %). 674 Nennungen ergeben 45,6 Prozent als Anteil an der Anzahl der Gesamtnennungen.

An zweiter Stelle ist die Begriffskombination von „Sack"/V und „miteinander ins Bett gehen"/S (63,1 %) beachtenswert. Die 454 Nennungen machen einen Anteil an der Gesamtzahl der Nennungen von 30,7 Prozent aus.

Die Befragten, die den Begriff „Sack"/V verwenden, bleiben auf derselben Sprachebene, wenn sie den Ausdruck „vögeln"/V benutzen (36,8 %). Bei 265 Nennungen erreicht diese Wortkombination einen Anteil von 17,9 Prozent an der Anzahl der Gesamtnennungen.

Die Hypothese trifft auf zwei Wortkombinationen zu: am häufigsten wird das standardsprachliche Wortpaar „Hodensack" und „miteinander ins Bett gehen" angegeben und am dritthäufigsten die vulgärsprachliche Verbindung „Sack" und „vögeln". Schließlich werden am zweithäufigsten ein vulgärsprachlicher Ausdruck „Sack" mit der standardsprachlichen Bezeichnung „miteinander ins Bett gehen" kombiniert.

Sprechsituation ÖFFENTLICHKEIT

Ergebnisse der Kreuztabelle F 3a (Düse, Scham, Vulva) mit F 3b (Eier, Hoden, Testes):
GN: 1.455 (90,4 %)

Diejenigen, die den Begriff *„Scham"/S* verwenden, sprechen ergänzend auch von *„Hoden"/S* (87 %). Diese Kombination erzielt 1.092 Nennungen. Dies ergibt einen Anteil von 75,1 Prozent an der Anzahl der Gesamtnennungen.

Die weiteren Kombinationen erreichen bedeutend weniger Nennungen, wenn man an die Gesamtzahl denkt. So entfallen zwar noch 80,1 Prozent auf die Wortverbindung *„Vulva"/F* und *„Hoden"/S*. Es sind jedoch nur 173 Nennungen, die einen Prozentwert von 11,9 ausmachen und den Anteil an der Gesamtzahl der Nennungen ergeben.

Die Befragten, die die Bezeichnung *„Scham"/S* gebrauchen, benutzen auch den Vulgärausdruck *„Eier"* (12,1 %). 143 Nennungen werden bei dieser Wortverbindung gezählt. Daraus errechnet sich der Anteil von 9,8 Prozent an der Gesamtzahl der Nennungen.

Unsere Hypothese trifft auf die am häufigsten gewählte Wortkombination zu. Die beiden anderen Wortpaare setzen sich aus den Begriffen unterschiedlicher Sprachebenen zusammen.

Ergebnisse der Kreuztabelle F 3a (Düse, Scham, Vulva) mit F 3c (bumsen, Liebe machen, Sexualakt):
GN: 1.451 (90,2 %)

Wer von den Befragten den Ausdruck „Scham"/S verwendet, bevorzugt auch die Redewendung „Liebe machen"/S (50,9 %). Für dieses Begriffspaar wurden 600 Nennungen gezählt. Daraus errechnet sich der Anteil von 41,4 % an der Gesamtzahl der Nennungen.

Der standardsprachliche Ausdruck „Scham" wird auch noch mit dem Fachbegriff „Sexualakt" kombiniert (35,3 %). Die 416 Nennungen ergeben einen Anteil an der Gesamtzahl der Nennungen von 28,7 Prozent.

Noch an einem dritten Wortpaar ist das Wort „Scham"/S beteiligt. Hier wird es in der Verbindung mit der vulgärsprachlichen Bezeichnung „bumsen" angetroffen (13,8 %). 163 Nennungen wurden gezählt. Das entspricht dem Anteil von 11,2 Prozent aller Nennungen.

Die Hypothese trifft auf die am häufigsten gewählte Wortkombination mit zwei standardsprachlichen Begriffen zu. Bei den nächsten beiden Wortpaaren wird die Bezeichnung „Scham" entweder mit einem fachsprachlichen (Sexualakt) oder mit einem vulgärsprachlichen Begriff (bumsen) in Verbindung gebracht. Als viertes Begriffspaar werden die Sexualwörter „Vulva"/F und „Sexualakt"/F gewählt. Hier haben wir es mit einer reinen fachsprachlichen Wortwahl zu tun. Der spezielle Anteil beträgt 8,3 Prozent an der Gesamtzahl der Nennungen.

Ergebnisse der Kreuztabelle F 3b (Eier, Hoden, Testes) mit F 3c (bumsen, Liebe machen, Sexualakt):
GN: 1.520 (94,5 %)

Am häufigsten wird wieder eine standardsprachliche Begriffskombination gewählt: „Hoden"/S und „Liebe machen"/S (51,1 %). Sie erreicht 650 Nennungen. Als Anteil an der Gesamtzahl der Nennungen wurden 42,8 Prozent errechnet.

Wer den Ausdruck „Hoden"/S gebraucht, verbindet ihn am zweithäufigsten mit dem Fachbegriff „Sexualakt" (40,6 %). Auf diese Wortkombination entfallen 516 Nennungen. Ihr Anteil an der Gesamtzahl der Nennungen beträgt 33,9 Prozent.

An dritter Stelle folgt ein rein vulgärsprachliches Wortpaar: „Eier" und „bumsen" (61,4 %). Es erhält 129 Nennungen, was einen Anteil an der Gesamtzahl der Nennungen von 8,5 Prozent ausmacht.

Auf zwei Wortkombinationen trifft unsere Hypothese zu: einmal handelt es sich um zwei standardsprachliche Begriffe, zum anderen um zwei Vulgärausdrücke. Da das Fachwort „Sexualakt" inzwischen auch standardsprachlich akzeptiert ist, wäre es auch möglich, die Hypothese bei diesem Wortpaar als bestätigt anzusehen. In unserem Zusammenhang wird jedoch davon Abstand genommen. Deshalb wird diese Wortverbindung als gemischt, d.h. aus zwei Ausdrücken unterschiedlicher Sprachebenen bestehend, angesehen.

Tab. 3: Überblick über die Ergebnisse der Begriffskombinationen innerhalb der drei Sprechsituationen (Kreuztabellen, p < 0,01)

Sprechsituationen	Begriffskombinationen	Ergebnisse	Rang
Familie	* F 1a + F 1b	**S/S S/F F/F	1. 2. 3.
	F 1a + F 1c	S/S F/S V/V	1. 2. 3.
	F 1b + F 1c	S/S F/S V/S	1. 2. 3.
Freunde/Bekannte	F 2a + F 2b	S/V (S/S) S/S F/S	1. 2. 3.
	F 2a + F 2c	S/S F/S S/V	1. 2. 3.
	F 2b + F 2c	S/S V/S V/V	1. 2. 3.
Öffentlichkeit	F 3a + F 3b	S/S F/S S/V	1. 2. 3.
	F 3a + F 3c	S/S S/F S/V	1. 2. 3.
	F 3b + F 3c	S/S S/F V/V	1. 2. 3.

* F = Frage

** Die Abkürzungen bedeuten: S = Standardsprache, F = Fachsprache,

V = Vulgärsprache

In der Tabelle 3 werden die Ergebnisse der Begriffskombinationen im Überblick zusammengefaßt.

Hinsichtlich der Rangordnung läßt sich folgendes feststellen:
Den ersten Rang nehmen fast nur standardsprachliche Begriffe ein: 8 von 9 Wortkombinationen sind ausschließlich standardsprachlich besetzt. Eine Ausnahme macht die Kombination „F 2a + F 2b". Hier handelt es sich um die beiden Ausdrücke „Kitzler" und „Sack". Der Vulgärausdruck „Sack" (49 %) wird nach unserer Kenntnis genauso häufig wie die standardsprachliche Bezeichnung „Hodensack" (49 %) gebraucht (vgl. Tab. 10). Man kann also annehmen, daß inzwischen „Sack" standardsprachlich akzeptiert ist. Die Begriffskombination könnte also lauten: S/S. Somit kann gesagt werden, daß alle neun erstplazierten Wortkombinationen standardsprachlich orientiert sind.

Auf dem zweiten Rang treffen wir 7 Wortkombinationen an, die Begriffe der Standard- und Fachsprache enthalten. Je einmal finden sich zwei standardsprachliche Ausdrücke und ein gemischtes Wortpaar mit einer vulgär- und standardsprachlichen Bezeichnung.

Der dritte Rang ist noch bunter zusammengesetzt, was die Konstellationen der Sexualwörter und deren Sprachebenen betrifft. Viermal bestehen die Wortpaare aus einem vulgär- und standardsprachlichen Begriff, dreimal aus jeweils zwei vulgärsprachlichen Ausdrücken und je einmal aus zwei fachsprachlichen Termini und aus der Kombination eines fach- und standardsprachlichen Ausdrucks.

So wird der erste Rang ausschließlich standardsprachlich bestimmt, während auf den beiden folgenden Plätzen auch andere Wortkombinationen zu beobachten sind. Auf dem zweiten Rang kommt es einmal zur Kombination zweier Sexualwörter (S/S) derselben Sprachform, auf dem dritten Rang viermal zu Wortpaaren, die derselben Sprachebene angehören (V/V, F/F).

Dreifache Wortkombinationen innerhalb der drei Sprechsituationen

Mit Hilfe der *dreifachen Kreuztabelle* können auch die drei Sexualwörter innerhalb einer Sprechsituation auf Wortkombinationen hin untersucht werden. Auf die auffälligsten Wortverbindungen soll nun hingewiesen werden. Die Ergebnisse sind alle hochsignifikant (p < 0,01).

Sprechsituation FAMILIE

Ergebnisse der dreifachen Kreuztabelle F 1a + F 1b + F 1 c (s. hier und in folgendem die gekennzeichneten Ausdrücke in Tab. 2):
GN: 1.340 (88,5 %)

Die Befragten, die den standardsprachlichen Ausdruck „*miteinander schlafen*" verwenden, entscheiden sich für die Kombination „*Scheide*"/S und „*Glied*"/S. 560 Nennungen von 1.340 = 41,8 Prozent. Der Anteil an den Gesamtnennungen (n = 1.514) beträgt 37 Prozent.

Wer denselben Begriff „*miteinander schlafen*"/S benutzt, wählt am zweithäufigsten die Ausdrücke „*Scheide*"/S und „*Penis*"/F. Insgesamt 377 Nennungen von 1.340 = 28,1 Prozent. Der Anteil an den Gesamtnennungen (n = 1.514) beträgt 24,9 Prozent.

Als dritthäufigste Kombination zu der Bezeichnung „*miteinander schlafen*"/S werden die fachsprachlichen Begriffe „*Vagina*" und „*Penis*" gewählt. Insgesamt 160 Nennungen von 1.340 = 11,9 Prozent. Der Anteil an den Gesamtnennungen (n = 1.514) beträgt 10,6 Prozent.

Die Hypothese trifft auf die Wortkombination im ersten Rang zu. Der zweite Rang ist durch die gewählte Wortverbindung standardsprachlich und fachsprachlich (S/S/F) orientiert, während der dritte Rang fachsprachliche und standardsprachliche Sexualwörter (S/F/F) aufweist.

Sprechsituation FREUNDE/BEKANNTE

Ergebnisse der dreifachen Kreuztabelle F 2a + F 2b + F 2c:
GN: 1.120 (78,4 %)

Diejenigen, die im Freundes- und Bekanntenkreis die standardsprachliche Bezeichnung „miteinander ins Bett gehen" gebrauchen, verwenden am häufigsten die Kombination „Kitzler"/S und „Hodensack"/S. Insgesamt sind dies 368 Nennungen von 1.120 = 32,9 Prozent. Der Anteil an den Gesamtnennungen (n = 1.429) beträgt 25,8 Prozent.

Am zweithäufigsten wird zu dem ersten Begriff die Kombination „Kitzler"/S und „Sack"/V benutzt. Insgesamt 342 Nennungen von 1.120 = 30,5 Prozent. Der Anteil an den Gesamtnennungen (n = 1.429) beträgt 23,9 Prozent.

An dritter Stelle folgt die Wortkombination „miteinander ins Bett gehen"/S, „Klitoris"/F und „Hodensack"/S. Insgesamt 284 Nennungen von 1.120 = 25,3 Prozent. Der Anteil an den Gesamtnennungen (n = 1429) beträgt 19,9 Prozent.

Für den ersten Rang wird unsere Hypothese bestätigt, da die Sexualwörter einer Sprachebene, der Standardsprache, angehören. Auf Rang 2 und 3 finden wir eine Mischung der Sprachebenen vor. Einmal werden jeweils zwei standardsprachliche Ausdrücke mit einem Vulgärausdruck kombiniert, der mittlerweile standardsprachliche Akzeptanz genießt, zum anderen kommt eine fachsprachliche Bezeichnung hinzu.

Sprechsituation ÖFFENTLICHKEIT

Ergebnisse der dreifachen Kreuztabelle F 3a + F 3b + F 3c:
GN: 685 (47,4 %)
GN : 533 (36,9 %)

Wer den standardsprachlichen Ausdruck „Liebe machen" gebraucht, verwendet am häufigsten die Kombination „Scham" und „Hoden" (Standardsprache). Insgesamt 548 Nennungen von 685 = 80 Prozent. Der Anteil an den Gesamtnennungen (n = 1.444) beträgt 38 Prozent.

Diejenigen, die den Fachbegriff „Sexualakt" benutzen, bedienen sich am häufigsten der Kombination „Scham"/S und „Hoden"/S. Insgesamt 394 Nennungen von 533 = 73,9 Prozent. Der Anteil an den Gesamtnennungen (n = 1.444) beträgt 27,3 Prozent.

Tab. 4 : Überblick über die Ergebnisse der Begriffskombinationen innerhalb der drei Sprechsituationen (dreifache Kreuztabellen, p < 0,01)

Sprechsituationen	Begriffskombinationen	Ergebnisse	Rang
Familie	F 1a + F 1b + F 1c	S/S/S S/S/F S/F/F	1. 2. 3.
Freunde/Bekannte	F 2a + F 2b + F 2c	S/S/S S/S/V S/F/S	1. 2. 3.
Öffentlichkeit	F 3a + F 3b + F 3c	S/S/S F/S/S F/F/S	1. 2. 3.

Mit dem Terminus „Sexualakt" wird auch noch eine andere Wortkombination verbunden. Insgesamt 97 Nennungen (18,2 %) erhalten die Begriffe „Sexualakt"/F, „Vulva"/F und „Hoden"/S. Der Anteil an den Gesamtnennungen (n = 1.444) beträgt 6,7 Prozent.

Die Hypothese trifft auf die Wortkombinationen des ersten Rangs zu. Beim zweiten Rang treten zu dem fremdsprachlichen Terminus zwei standardsprachliche Bezeichnungen hinzu, beim dritten Rang sind zwei fremdsprachliche Begriffe und ein standardsprachlicher Ausdruck zusammen.

Vergegenwärtigt man sich die bisherigen Feststellungen anhand einer Tabelle (s. Tab. 4), so ist zu resümieren: auf dem ersten Rang finden sich ausschließlich Kombinationen mit standardsprachlichen Sexualwörtern. Der zweite Platz ist ebenfalls von der Standardsprache dominiert: in der Verbindung von zweimal S/S/F und einmal S/S/V. Rang drei begünstigt die Fachsprache: zweimal S/F/F bzw. F/F/S. Und einmal findet sich die Kombination: S/F/S.

Auch dieser Überblick über die Ergebnisse der Begriffskombinationen läßt erkennen, daß nicht nur in allen drei Wortverbindungen übereinstimmend Sexualwörter der Standardsprache gewählt werden, sondern auch diese Sprachebene auf dem zweiten Rang bevorzugt gewählt wird. Erst auf dem dritten Rang gewinnen Sexualwörter der Fach- und Vulgärsprache an Bedeutung.

4.2 Wortkombinationen von Sexualwörtern gleicher und verschiedener Sprachebenen in unterschiedlichen Sprechsituationen

Wie im vorherigen Kapitel, so werden auch in den folgenden Ausführungen Begriffskombinationen der drei Sprachebenen dargestellt, die mit Hilfe der Kreuztabellen aufgewiesen worden sind. In unserem Zusammenhang überschreiten nun die Konstellationen der Sexualwörter die jeweilige Sprechsituation. So werden nicht nur die Sprachebenen, sondern auch die Sprechsituationen miteinander kombiniert.

Bei der Vorstellung der Wortpaare kann hier nicht auf alle 81 Ergebnisse im einzelnen eingegangen werden. Die in Tabellen erfaßten Befunde sollen jedoch in einem Überblick über die ermittelten Begriffskombinationen von Rang 1 bis 3 informieren, so daß ein Vergleich mit früher berichteten Ergebnissen möglich ist. Es wird zunächst über die Kombinationen von zwei Begriffen (Wortpaaren) berichtet und anschließend auf die Ergebnisse der dreifachen Kreuztabellen Bezug genommen.

Zweifache Wortkombinationen zwischen unterschiedlichen Sprechsituationen

Sprechsituationen FAMILIE und FREUNDE/BEKANNTE

Alle Ergebnisse der *zweifachen Kreuztabellen* sind hochsignifikant ($p < 0{,}01$). Die Begriffskombinationen hatten folgende Ergebnisse (s. Tab. 5):

Tab. 5: Überblick über die Ergebnisse der Begriffskombinationen zwischen den Sprechsituationen Familie sowie Freunde/Bekannte (p < 0,01)

Sprechsituationen	Begriffskombinationen	Ergebnisse	Rang
Familie + Freunde/Bekannte	F 1a + F 2a	S/S V/S F/F	1. 2. 3.
	F 1a + F 2b	S/S S/V V/V	1. 2. 3.
	F 1a + F 2c	S/S F/S S/V	1. 2. 3.
	F 1b + F 2a	S/S F/S F/F	1. 2. 3.
	F 1b + F 2b	S/S F/S S/V	1. 2. 3.
	F 1b + F 2c	S/S F/S V/V	1. 2. 3.
	F 1c + F 2a	S/S S/F V/S	1. 2. 3.
	F 1c + F 2b	S/S S/V V/V	1. 2. 3.
	F 1c + F 2c	S/S S/V V/V	1. 2. 3.

Im ersten Rang ergeben sich ausschließlich standardsprachliche Begriffspaare. Neunmal werden am häufigsten Sexualwörter kombiniert, die der Standardsprache angehören. Die bekannte Hypothese wird also in allen Ergebnissen dieses Fragenkomplexes bestätigt.

Auf dem zweiten Rang sind demgegenüber aus der Sicht der Sprachformen gemischte Konstellationen nachweisbar. So ergibt sich die Kombination Standardsprache (S) und Fachsprache (F) bzw. umgekehrt fünfmal sowie eine zweite Version Vulgär- (V) und Standardsprache bzw. umgekehrt viermal.

An dritter Stelle sind zwei Wortverbindungen anzutreffen, die derselben Sprachebene angehören: Vulgärsprache: viermal und Fachsprache: zweimal. Das Wortpaar Standardsprache/Vulgärsprache bzw. umgekehrt ist dreimal festzustellen. Im dritten Rang trifft also unsere Hypothese noch zweimal in der Verbindung „V/V" und „F/F" zu.

Sprechsituationen FAMILIE/ÖFFENTLICHKEIT

Ebenso in dieser Verbindung der Wortpaare wird die Hypothese für den ersten Platz bestätigt. Denn alle neun Wortpaare gehören ein und derselben Sprachform an. Wiederum sind es Sexualwörter der Standardsprache.

Tab. 6: Überblick über die Ergebnisse der Begriffskombinationen zwischen den Sprechsituationen Familie und Öffentlichkeit ($p < 0,01$)

Sprechsituationen	Begriffskombinationen	Ergebnisse	Rang
Familie + Öffentlichkeit	F 1a + F 3a	S/S F/S V/S	1. 2. 3.
	F 1a + F 3b	S/S F/S V/V	1. 2. 3.
	F 1a + F 3c	S/S S/F F/F	1. 2. 3.
	F 1b + F 3a	S/S F/S V/S	1. 2. 3.
	F 1b + F 3b	S/S F/S V/S	1. 2. 3.
	F 1b + F 3c	S/S F/S S/F	1. 2. 3.
	F 1c + F 3a	S/S S/F V/S	1. 2. 3.
	F 1c + F 3b	S/S S/V V/S	1. 2. 3.
	F 1c + F 3c	S/S S/F S/V	1. 2. 3.

Der zweite Rang wird von der Mischform der Sprachebenen Fach- und Standardsprache bzw. umgekehrt dominiert. Die Wortverbindung „F/S" und „S/F" werden achtmal gezählt. Einmal kommt dagegen nur ein Wortpaar vor, daß der Standard- und Vulgärsprache zuzuordnen ist.

Die auf Platz 3 ermittelten Wortverbindungen zeichnen sich wieder durch ein Mehr an Wortkombinationen aus. Sechsmal ergibt sich eine Verbindung zwischen Sexualwörtern der Vulgär- und Standardsprache, eine weitere Mischform, die aus Begriffen der Standard- und Fachsprache besteht. Schließlich lassen sich noch zwei Wortpaare aufzeigen, die aus Begriffen einer Sprachform bestehen (V/V und F/F).

Sprechsituationen FREUNDE/BEKANNTE und ÖFFENTLICHKEIT

Mit den beiden vorherigen hat die dritte Konstellation der Sprechsituationen gemeinsam, daß neun von neun möglichen Wortpaaren auf dem ersten Platz ausschließlich der Standardsprache angehören.

Tab. 7: Überblick über die Ergebnisse der Begriffskombinationen zwischen den Sprechsituationen Freunde/Bekannte und Öffentlichkeit (p < 0,01)

Sprechsituationen	Begriffskombinationen	Ergebnisse	Rang
Freunde/Bekannte + Öffentlichkeit	F 2a + F 3a	S/S F/S F/F	1. 2. 3.
	F 2a + F 3b	S/S F/S S/V	1. 2. 3.
	F 2a + F 3c	S/S S/F F/F	1. 2. 3.
	F 2b + F 3a	S/S V/S S/F	1. 2. 3.
	F 2b + F 3b	S/S V/S V/V	1. 2. 3.
	F 2b + F 3c	S/S V/S S/F	1. 2. 3.
	F 2c + F 3a	S/S V/S S/F	1. 2. 3.
	F 2c + F 3b	S/S V/S S/V	1. 2. 3.
	F 2c + F 3c	S/S S/F V/V	1. 2. 3.

Der zweite Rang ist dagegen dadurch gekennzeichnet, daß zwei Mischformen der Sprachformen vorherrschen: fünfmal die Verbindung von Vulgär- und Standardsprache sowie viermal die von Fach- und Standardsprache. Die Wortpaare, die auf dem dritten Platz anzutreffen sind, weisen - wie bereits vorher festzustellen war - die meisten Konstellationen der Sprachebenen auf. Jeweils zwei Wortpaare setzen sich rein fachsprachlich oder vulgärsprachlich zusammen. Dreimal zeigt sich die Verbindung von Standard- und Fachsprache, zweimal ergeben sich Wortpaare, die Sexualwörter der Standard- und Vulgärsprache enthalten.

Zusammenfassend betrachtet wird unsere Hypothese eindeutig für alle Wortverbindungen auf dem ersten Rang (s. Tab. 3 bis 7) bestätigt. Für die Wortpaare des zweiten Platzes trifft sie keinmal zu. Der dritte Rang weist hingegen sowohl Wortverbindungen einer Sprachform als auch solche mit Mischformen der Sprachebenen auf. Eine unterschiedliche Anzahl von Wortpaaren mit Sexualwörtern derselben Sprachform gehören der Fach- oder der Vulgärsprache an. In den drei Tabellen ist es jeweils wenigstens eine dieser Wortverbindungen, so daß die Hypothese auch für diese Wortpaare zutrifft.

Tabelle 8 vermittelt einen Überblick über die Anzahl der Wortpaare, die einer oder zwei Sprachformen zuzuordnen sind.

Tab. 8: Überblick über die Anzahl der Wortpaare, die entweder der einen oder der anderen Sprachebene angehören

Sprechsituationen	Rang	Begriffskombinationen		Anzahl
		Sexualwörter einer Sprachebene	Sexualwörter zweier Sprachebenen	
Familie + Freunde/Bekannte	1.	S/S		9
	2.		S/F oder F/S	5
			V/S oder S/V	4
	3.	V/V		4
		F/F		2
			S/V oder V/S	3
Familie + Öffentlichkeit	1.	S/S		9
	2.		F/S oder S/F	8
			S/V	1
	3.	F/F		1
		V/V		1
			V/S oder S/V	6
			S/F	1
Freunde/ Bekannte + Öffentlichkeit	1.	S/S		9
	2.		V/S	5
			F/S oder S/F	4
	3.	F/F		2
		V/V		2
			S/F oder F/S	3
			S/V oder V/S	2

Von den insgesamt 81 Wortpaaren entfallen auf die Wortverbindungen, die einer Sprachebene angehören, 39, und auf diejenigen, die jeweils eine andere Sprachform repräsentieren, 42 Wortkombinationen. Dies bedeutet, daß beiden Grundtypen, Sexualwörter miteinander zu verbinden, gleichhohe Bedeutung zukommt. Allerdings ist auch zu ersehen, daß die Begriffe der Standardsprache insgesamt und die Begriffskombinationen derselben Sprachform (1. Rang) im besonderen eine höhere Wertschätzung genießen.

Dreifache Wortkombinationen zwischen unterschiedlichen Sprechsituationen

Wenn man abschließend die Sexualwörter der drei Sprechsituationen und mit ihren drei Kategorien im Zusammenhang sieht, so ergeben sich aus der Sicht der *dreifachen Kreuztabellen* folgende Befunde:

Sprechsituationen FAMILIE und FREUNDE/BEKANNTE und ÖFFENTLICHKEIT

Ergebnisse der dreifachen Kreuztabelle F 1a + F 2a + F 3a:
GN: 1.113 (80,9 %)

Wer den Begriff *"Scham"*/S verwendet, gebraucht auch sonst am häufigsten die Ausdrücke der Standardsprache *"Scheide"* und *"Kitzler"*. 590 Nennungen von 1.113 = 53 Prozent. Der Anteil an den Gesamtnennungen (n = 1.375) beträgt 42,9 Prozent.

Diejenigen, die die standardsprachliche Bezeichnung *"Scham"* bevorzugen, benutzen am zweithäufigsten die Wortverbindung *"Scheide"*/S und *"Klitoris"*/F. 221 Nennungen von 1.113 = 19,9 Prozent. Der Anteil an den Gesamtnennungen (n = 1.375) beträgt 16,1 Prozent.

Bei dieser Wortverbindung sind noch zwei weitere Befunde hervorzuheben:
GN: 209 (15,2 %).

Während alle anderen Ergebnisse hochsignifikant ($p < 0,01$) sind, erreichen die bei den zu berichtenden Aussagen das Signifikanzniveau $p < 0,05$.

Der Fachausdruck *"Vulva"* wird einmal mit den Ausdrücken *"Scheide"*/S und *"Kitzler"*/S kombiniert (66 Nennungen von 209 = 31,6 %, Anteil an den Gesamtnennungen (n = 1.375) ist 4,8 %), zum anderen mit den beiden fachsprachlichen Begriffen *"Vagina"* und *"Klitoris"* (56 Nennungen von 209 = 26,8 %, Anteil an den Gesamtnennungen (n = 1.375) ist 4,1 %).

Ergebnisse der dreifachen Kreuztabelle F 1b + F 2b + F 3b:
GN: 1.202 (83 %)

Die Befragten, die den Begriff „Glied"/S präferieren, verwenden am häufigsten die Wortkombination „Hodensack"/S und „Hoden"/S. 339 Nennungen = 28,2 Prozent. Anteil an den Gesamtnennungen (n = 1.448) ist 23,4 Prozent.

Am zweithäufigsten wird das männliche Genitale der standardsprachlichen Version mit den Ausdrücken „Penis"/F und „Hodensack"/S bezeichnet. 296 Nennungen = 24,6 Prozent. Der Anteil an den Gesamtnennungen (n = 1.448) beträgt 20,4 Prozent.

Darüber hinaus ist noch ein anderes Ergebnis von Interesse. Diejenigen, die den Vulgärausdruck „Schwanz" benutzen, wählen auch die vulgärsprachlichen Bezeichnungen „Sack" und „Eier". 88 Nennungen (n = 210) = 41,9 Prozent. Der Anteil an den Gesamtnennungen (n = 1.448) beträgt 6,1 Prozent.

Ergebnisse der dreifachen Kreuztabelle F 1c + F 2c + F 3c:
GN: 719 (47,9 %)

Die Befragten, die den Ausdruck „Liebe machen"/S gebrauchen, wählen am häufigsten auch die standardsprachliche Kombination „miteinander schlafen" und „miteinander ins Bett gehen". 609 Nennungen = 84,7 Prozent. Der Anteil an den Gesamtnennungen (n = 1.500) beträgt 40,6 Prozent.

GN: 549 (36,6 %)
Wer den Terminus „Sexualakt"/F verwendet, benutzt am häufigsten die Wortverbindung „miteinander schlafen"/S und „miteinander ins Bett gehen"/S. 453 Nennungen = 82,5 Prozent. Der Anteil an den Gesamtnennungen (n = 1.500) ist 30,2 Prozent.
GN: 232 (15,5 %)

Diejenigen, die den Vulgärausdruck „bumsen" wählen, sprechen am häufigsten auch von „Miteinander schlafen"/S und „Miteinander ins Bett gehen"/S. 91 Nennungen = 39,2 Prozent. Der Anteil an den Gesamtnennungen (n = 1.500) = 6,1 Prozent.

Erst am zweithäufigsten wird im Anschluß an den Gebrauch des zuerstgenannten Begriffs („bumsen") die Wortkombination „ficken"/V und „vögeln"/V bevorzugt. Das trifft zu auf 85 Nennungen = 36,6 Prozent. Der Anteil an den Gesamtnennungen (n = 1.500) beträgt 5,7 Prozent.

Resümieren wir die wichtigsten Ergebnisse der Begriffskombinationen zwischen den drei Sprechsituationen anhand der folgenden Tabelle (s. Tab. 9).

Tab. 9: Überblick über die Ergebnisse der Begriffskombinationen zwischen den drei Sprechsituationen (dreifache Kreuztabellen, $p < 0,01$, $p < 0,05$)

Sprechsituationen	Begriffskombinationen	Ergebnisse	Rang
Familie + Freunde/ Bekannte + Öffentlichkeit	F 1a + F 2a + F 3a	S/S/S	1.
		S/S/F	2.
		F/S/S	3.
	F 1b + F 2b + F 3b	S/S/S	1.
		S/F/S	2.
		V/V/V	3.
	F 1c + F 2c + F 3c	S/S/S	1.
		F/S/S	2.
		V/S/S	3.

Das Signifikanzniveau ist für acht von neun Befunden $p < 0,01$ und für ein Ergebnis $p < 0,05$. Wie bisher durchgängig sind die erstplazierten, d.h. am häufigsten gewählten Begriffskombinationen ausschließlich mit standardsprachlichen Ausdrücken besetzt. Auch auf dem zweiten Rang dominiert bei den Wortverbindungen noch die Standardsprache. Es tritt aber jeweils ein fachsprachlicher Terminus hinzu. Erst an dritter Stelle hat die Vulgärsprache eine Chance. Bei der zweiten Kategorie (F 1b + F 2b + F 3b) kommt es sogar zu einer rein vulgärsprachlichen Kombination, während bei der dritten Kategorie ein Vulgärausdruck mit zwei standardsprachlichen Begriffen kombiniert wird. Schließlich sind bei der ersten Kategorie zwei standardsprachliche Ausdrücke mit einem Fachterminus zusammen.

Unsere Hypothese trifft also auf vier Wortkombinationen zu: dreimal sind sie auf dem ersten Rang vorzufinden und standardsprachlich orientiert, einmal werden die kombinierten Begriffe derselben Sprachebene (Vulgärsprache) auf dem dritten Rang angetroffen. Für fünf Wortverbindungen bestätigt sich die Hypothese nicht, da Ausdrücke verschiedener Sprachebenen gewählt worden sind.

Als Gesamtergebnis der Auswertung kann festgehalten werden:
- Alle Tabellen weisen auf dem ersten Rang ausschließlich Wortverbindungen der Standardsprache aus. Dies wird verständlich, wenn man bedenkt, wie hoch der Anteil dieser Sprachform an der von uns analysierten Sexualsprache ist. Somit wird erneut die Vorrangstellung des Gebrauchs standardsprachlicher Bezeichnungen unterstrichen.
- Auf dem zweiten Rang sind erste Mischformen der Ausdrücke einzelner Sprachebenen festzustellen, z. T. in höherer Anzahl wie beispielsweise achtmal die Kombination von Ausdrücken der fach- und standardsprachlichen Sprachebene.
- Die häufigsten Mischformen der Sprachschichten finden wir indes auf dem dritten Rang. Insgesamt sind hier nahezu alle denkbaren Wortkombinationen möglich. Aber auch Begriffsverbindungen ein und derselben Sprachform lassen sich feststellen, allerdings dann nur bei den Begriffskombinationen, die Sexualwörter der Fach- oder der Vulgärsprache enthalten.

Die von uns eingangs dieses Kapitels aufgestellte *Hypothese, wonach die Begriffskombinationen einer Sprachebene vorrangig gewählt werden,* wurde also für den ersten Rang bestätigt, und zwar einmal für die Wortverbindungen mit zwei und drei Sexualwörtern. Zum anderen ist jedoch noch festzustellen, daß auch auf dem dritten Rang solche Wortverbindungen auszumachen sind. Darüber hinaus lassen sich auf dem zweiten und dritten Platz der Prioritäten unterschiedliche Mischformen der

Sprachebenen in größerer und kleinerer Anzahl vorfinden. Auch diese Erkenntnis unterstreicht die Einzelergebnisse, die bereits in den ersten Kapiteln vorgestellt worden sind.

Somit zeigt sich die Sexualsprache der Sprechenden als vorwiegend standardsprachlich ausgerichtet. Daneben sind ebenso Einflüsse der Fach- und Vulgärsprache auf die Sexualsprache der Deutschen zu beobachten, die an zahlreichen Einzelbefunden der Sexualwörter und den Begriffskombinationen mit zwei und drei Ausdrücken demonstriert werden konnten.

Dieselbe standardsprachliche Dominanz innerhalb der Sexualsprache kann freilich auch an einzelnen Sexualwörtern aufgezeigt werden. Deshalb soll auf die von uns berechneten Rohdaten aufmerksam gemacht werden. Die Befunde sind in der nachfolgenden Tabelle 10 zusammengefaßt.

Tab. 10: Bevorzugte Sexualwörter in den drei Sprechsituationen
(Ergebnis der Kreuztabellen)

Sprechsituation	Sexualwort	Sprachebene	%	Rang
Familie	miteinander schlafen	* S	89	1.
	Scheide	S	70	2.
	Glied	S	45	3.
Freunde/Bekannte	miteinander ins Bett gehen	S	79	1.
	Kitzler	S	67	2.
	Hodensack/ Sack	S/ **V	49/ 49	3.
Öffentlichkeit	Hoden	S	84	1.
	Scham	S	81	2.
	Liebe machen	S	48	3.

* = Standardsprache ** = Vulgärsprache

Auf den ersten Blick sieht man, daß in den drei Sprechsituationen auf den ersten drei Rängen ausschließlich standardsprachliche Ausdrücke zu finden sind. Eine Ausnahme bietet die Sprechsituation der FREUNDE und BEKANNTEN. Hier erreichen der standardsprachliche Begriff „Hodensack" und der Vulgärausdruck „Sack" den gleichen Prozentsatz. Deshalb mußte der letztere hier angegeben werden. Da der Begriff „Sack" ebenso wie „Hodensack" standardsprachliche Relevanz und Akzeptanz gewonnen hat, kann festgestellt werden, daß die am häufigsten gewählten Bezeichnungen aller von uns genannten Sprechsituationen der Standardsprache zuzurechnen sind.

Das Sexualwort, das die meiste Zustimmung erfahren hat, ist das Lexem „miteinander schlafen" (89 %), dasjenige, das den geringsten Prozentwert aufweist, ist die standardsprachliche Bezeichnung des männlichen Genitales (45 %) im familialen Kontext.

Während die Prozentsätze der standardsprachlichen Ausdrücke im Freundes- und Bekanntenkreis alle unter 80 Prozent bleiben, erfährt die Standardsprache - wie bereits vorher an anderen Ergebnissen dargestellt - im öffentlichen Zusammenhang erneut Zuspruch. Dies drückt sich in den relativ hohen Prozentsätzen, insbesondere im zweiten und dritten Rang, dieser Sprechsituation aus. Die gesellschaftliche Bedeutung der fach- und vulgärsprachlichen Sexualwörter ist damit sicherlich nicht zu gering zu veranschlagen. Sie sind dem Gebrauch der Standardsprache jedoch nachgeordnet.

5. Erkenntnisse zur Dynamik der Sexualsprache

Das Sexualleben bedarf zwar der Wortsprache. Es ist aber nicht allein auf sie angewiesen. Sinnliches Wahrnehmen und entsprechendes Reagieren, lautloses Fühlen, Körpersprache (Mimik, Gestik u.a.) sind ebenso bedeutsame, wenn nicht noch gemäßere Ausdrucksweisen sexuellen Umgangs unter dem Anspruch liebender Zuwendung.

Wenn wir heute mehr und mehr erkennen, daß das kommunikative Moment der Sexualität „das eigentlich Menschliche, der eigentliche Unterschied zwischen menschlicher und tierischer Sexualität" (Loewit 1992, 31) ist, so gilt es, dieses sensible Instrument, insbesondere die Sexualsprache, besser kennen und anwenden zu lernen.

Einen Anfang hat unsere kleine Erkundungsstudie gemacht, ein wenig Licht in einige bisher verborgene Fragestellungen zu bringen. Vielleicht hat sie auch mehr Fragen aufgeworfen, als sie zu beantworten imstande war. Auch dies wäre eine beachtenswerte Funktion wissenschaftlicher Erkenntnisfindung.

Ein Untersuchungsgegenstand, der sich meines Erachtens als weitere Forschungsaufgabe anbietet, wäre die Klärung der Frage, welche Sexualwörter die einzelnen Altersgruppen in verschiedenen Sprechsituationen bevorzugen, wenn mehrere Alternativen angeboten würden mit der Möglichkeit, auch eine andere Bezeichnung als die genannten Ausdrücke zu nennen. Oder es wäre zu untersuchen, mit welchen maßgeblichen Intentionen (z. B. Provokation, Beleidigung) sexuelle Bezeichnungen (u. a. als Schimpfwörter) in Sprechsituationen verwendet werden.

Obgleich keine ältere Arbeit zur Sexualsprache vorliegt, auf die vergleichend zurückgegriffen werden könnte, gehört es zu den auffälligsten Ergebnissen unserer Studie, daß sich einzelne Sexualwörter nicht mehr den bekannten Sprachschichten ohne weiteres zuordnen lassen. Das trifft für vulgär- und fachsprachliche Begriffe zu, die entweder ebenso hohe oder erkennbar überdurchschnittliche Akzeptanz in unserer Gesellschaft genießen, wie ihre standardsprachlichen Synonyma.

5.1 Auffällige Befunde der gesprochenen Sexualsprache

Für die heutige standardsprachliche Akzeptanz fachsprachlicher Ausdrücke darf hier an die Bezeichnung „Penis" erinnert werden. Im Westen Deutschlands werden die Begriffe „Glied" und „Penis" im familialen Kontext mit gleicher Häufigkeit verwendet. Für das weibliche Genitale trifft diese Aussage nicht zu. Zwei Drittel der Befragten bevorzugen das Wort „Scheide", nur ein Sechstel verwendet den Fachausdruck „Vagina".

In der Sprechsituation der Freunde und Bekannten ist der fachsprachliche Terminus „Klitoris" auf dem Wege, standardsprachliches Niveau zu erreichen.

Zwar gebrauchen drei Fünftel der Deutschen noch die standardsprachliche Bezeichnung „Kitzler". Mehr als ein Viertel verwendet jedoch auch den medizinischen Begriff. Vorreiter sind die Frauen, von denen ein Drittel diesen Terminus eindeutig bevorzugt. Im Osten Deutschlands ist er signifikant weniger gebräuchlich.

Beachtenswert ist auch der Begriff „Sexualakt" im Kontext öffentlicher Gespräche. Bei mehr als einem Drittel ist dieser Fachausdruck beliebt, insbesondere wird er bedeutsam häufiger vom weiblichen als vom männlichen Geschlecht verwendet.

Eine bedenkenswerte Entwicklung läßt sich auch bei einem Begriff der Vulgärsprache beobachten. So wird der Begriff „Sack" genauso häufig - je zur Hälfte - wie der standardsprachliche Ausdruck verwendet. Fast jeder zweite Deutsche entscheidet sich für die eine oder andere Bezeichnung. Allerdings ist ein geschlechtsspezifischer Unterschied nicht von der Hand zu weisen. So bevorzugen eher Männer den Vulgärausdruck, während Frauen sich mehrheitlich für den standardsprachlichen Begriff entscheiden. Überdies wird das Wort „Sack" häufiger im Osten als im Westen Deutschlands zu hören sein.

Gerade im sexuellen Bereich sind wir auf den der jeweiligen Sprechsituation gemäßen Gebrauch der Sprachebenen angewiesen. Das hat jedes Individuum von Kindheit an in seiner sozialen Umgebung gelernt und verhält sich meistens auch der Botschaft gesellschaftlicher Erwünschtheit entsprechend.

Betrachtet man ein weiteres Ergebnis unserer Befragung, so ist auffällig, daß sich die differenzierte Fragestellung der Sprechsituationen merklich von den allgemeinen Fragen nach der Verwendung der Sprachschichten abhebt.

Während sich allgemein für den Gebrauch der Standardsprache vier Fünftel (79 %) aussprachen, wurde diese hohe Zustimmung in der Familie (58 %), unter Freunden und Bekannten (65 %) und in der Öffentlichkeit (71 %) nicht mehr erreicht.

Bei der Fachsprache zeigt sich der Unterschied zwischen der pauschalen Fragestellung und den vorgegebenen Kontexten noch deutlicher. Fast die Hälfte (45 %) der Befragten gab an, sich der fachsprachlichen Ausdrücke zu bedienen. In den einzelnen Sprechsituationen wurde diese hohe Zustimmung nicht annähernd bestätigt. Am häufigsten sprach man sich in der Sprechsituation der Familie (25 %) für die lateinischen Begriffe aus, am wenigsten wurden sie in der Situation des Freundes- und Bekanntenkreises (11 %) geschätzt, und am zweithäufigsten entschied man sich in der Öffentlichkeit (18 %) für ihre Verwendung.

Hinsichtlich der Vulgärsprache fällt auf, daß bei der pauschalen Frage nur wenige für ihre Begriffe plädierten (15 %), allerdings dann knapp ein Viertel der Probanden (24 %) sich für sie im Freundes- und Bekanntenkreis aussprach. Ein wenig mehr als zunächst eingeräumt, verwenden sie die gesellschaftlich umstrittenen Begriffe in der Familie (17 %). Nur ein Zehntel (11 %) äußert sich vulgärsprachlich im öffentlichen Kontext, allerdings angesichts der Vorgabe der mangelnden Akzeptanz durch das soziale Umfeld.

Die unterschiedlichen Ergebnisse unterstreichen noch einmal die methodische Vorgehensweise, nicht nur nach der Verwendung der drei Sprachschichten zu fragen, sondern auch den Kontext der drei Sprechsituationen mit in die Fragestellung einzubeziehen.

So ergab sich eine allgemeine Akzeptanz der Standardsprache, aber ebenso eine von der jeweiligen Sprechsituation abhängige Befürwortung der Fach- und Vulgärsprache. Die beiden letzteren Sprachebenen konkurrieren - je nach Kontext und Variable - miteinander.

Aus gesellschaftlicher Sicht erscheint es verständlich, daß der Standard- und Fachsprache im öffentlichen Bereich besondere Beachtung geschenkt wird, während die Vulgärsprache vornehmlich im vertrauten Kreis von festen Freunden und guten Bekannten gern gewählt wird, und zwar je jünger die Sprechenden sind, desto häufiger. Auch die Fachsprache erweist sich als eine nach Umständen und Akzeptanz bekannter Ausdrücke ernstzunehmende Möglichkeit, sich über sexuelle Fragen zu verständigen. Insbesondere bei dieser Sprachschicht war zu erkennen, daß manch ein Fachbegriff bereits das Standardniveau erreicht hat.

Die in unseren Ausführungen berichteten Daten beziehen sich alle auf die gesprochene Sprache. Können heute auch ähnliche Entwicklungen, die wir soeben feststellen konnten, bei der geschriebenen Sprache (Literatur, Presse) beobachtet werden?

5.2 Ausblick und Hinweise auf die Sexualsprache einzelner Autorinnen/Autoren in der Gegenwart

Da umfangreiche und repräsentative Studien im deutschsprachigen Raum fehlen, kann an dieser Stelle nur auf Tendenzen eingegangen werden, so wie sie dem Verfasser im Augenblick bekannt sind.

In einer Textanalyse von 25 Aufklärungsbroschüren für Jugendliche kamen Kerstin Frömel und Ursula Hopp (1996) zu einem Ergebnis, das mit den Befunden unserer Studie in etwa vergleichbar ist. Bei der Auswertung der Informationstexte von erwachsenen Autoren für Jugendliche zeigte sich ein hoher Anteil der Standardsprache (73 %). Auf den Anteil der Fachsprache entfielen 13 Prozent und auf die Umgangs/-

Vulgärsprache 14 Prozent. Auch bei diesem Ergebnis liegen die Prozentwerte der beiden letzteren Sprachschichten dicht beieinander, ja die Vulgärsprache weist gegenüber der Fachsprache einen Prozentpunkt mehr auf, was bei der anvisierten Zielgruppe nicht zu überraschen braucht.

Daß Autorinnen und Autoren der anspruchsvollen Literatur häufiger als früher dazu neigen, vulgärsprachliche Ausdrücke als Stilmittel zu verwenden, dürfte die an Belletristik interessierten Leserinnen und Leser schon aufgefallen sein.

In den Romanen von Günter Grass genießt das sonst noch in Nachschlagewerken als vulgärsprachlich qualifizierte Verb „bumsen" seit längerem standardsprachliches Niveau. Es könnte allerdings so sein, daß der Schriftsteller als Wahl-Berliner gemäß unserem Untersuchungsbefund keine Probleme sieht, diesen Ausdruck im öffentlichen Zusammenhang zu gebrauchen.

Für Elfriede Jelinek ist die Vulgärsprache gewiß ein stilistisches Mittel, wenn sie in ihrem Roman „Lust" (1989) das Herrschaftsverhältnis von Mann und Frau in drastischen Szenen beschreibt und das Außergewöhnliche dadurch hervorhebt, daß sie bewußt die derbe Sexualsprache des männlichen Geschlechts bevorzugt. „Titten", „Arsch", „Schwanz", „Eier", „Möse", „ficken" gehören zum Vokabular der österreichischen Schriftstellerin, das u.a. prompt für Aufsehen gesorgt hat.

Ebenso beachtliche Resonanz hat die Mainzer Jugendbroschüre „Let's talk about sex" (1993) bundesweit und im Ausland gefunden, als von Kritikern auf die umgangssprachlichen Bezeichnungen im Text aufmerksam gemacht wurde. Der Aufweis vulgärsprachlicher Ausdrücke genügte allein, um das Heft als ganzes abzuqualifizieren.

Andererseits ist in unserer Gesellschaft festzustellen, daß früher in der Öffentlichkeit unaussprechliche Sexualwörter wie beispielsweise „Kondom" im Zusammenhang mit der AIDS-Aufklärung und unter dem Aspekt der Todesbedrohung eines jeden einzelnen, der sich über die bekannten Präventionsmaßnahmen hinwegsetzt, plötzlich ihre standardsprachliche niedere Weihe erhielten. Dem Ausdruck „Kondom" ist durch einen unvorhergesehenen Umstand zuteil geworden, was anderen vulgärsprachlichen Bezeichnungen nicht im gleichen Zeitraum widerfahren wird. Aber die Dynamik der Sexualsprache wird auch weiterhin für Überraschungen sorgen.

Literatur

Albrecht, E.: Sprachphilosophie, Berlin 1991

Borneman, E.: Die Umwelt des Kindes im Spiegel seiner „verbotenen" Lieder, Reime, Verse und Rätsel, Olten 1974

Borneman, E.: Lexikon der Liebe. Materialien zur Sexualwissenschaft, Bd. 1 - 4, Frankfurt/M. 1978

Borneman, E.: Sexualität und Semantik. Aus: derselbe (Hrsg.): Sexualität. Materialien zur Sexualforschung, Weinheim 1979, 51 - 66

Borneman, E.: Sexualität und Sprache. Aus: Kluge, N. (Hrsg.): Handbuch der Sexualpädagogik, Bd. 1, Düsseldorf 1984, 139 - 150

Borneman, E.: Sex im Volksmund. Der obszöne Wortschatz der Deutschen, Reinbek 1991

Braun, P.: Tendenzen in der deutschen Gegenwartssprache, Stuttgart 1979

Crystal, D.: Die Cambridge-Enzyklopädie der Sprache, Frankfurt/M. 1995

Das Neue Duden-Lexikon (in 10 Bänden), Mannheim ^{2}1989

Dörner, Ch. u.a.: Die Sprache in der Sexualerziehung. Aus: Hopf, A. (Hrsg.): Theorie & Praxis der Sexualpädagogik, Bd. 2, Oldenburg 1984, 82 - 111

Duden. Das große Wörterbuch der deutschen Sprache (in 8 Bänden), Mannheim 1993

Ehmann, H.: Jugendsprache und Dialekt. Regionalismen im Sprachgebrauch von Jugendlichen, Opladen 1992

Ehmann, H.: affengeil. Ein Lexikon der Jugendsprache, München ^{3}1994

Etymologisches Wörterbuch des Deutschen. Erarbeitet im Zentralinstitut für Sprachwissenschaft, Berlin 1993

Frank, K.: Sprachgewalt: Die sprachliche Reproduktion der Geschlechterhierarchie, Tübingen 1992

Frömel, K./Hopp, U.: Die Sexualsprache in Aufklärungsbüchern für Jugendliche (1960 - 1994). Aus: Kluge, N. (Hrsg.): Jugendliche Sexualsprache - eine gesellschaftliche Provokation, Landau 1996, 69 - 136

Gesellschaft Deutsche Sprache (Hrsg.): Wörter und Unwörter. Sinniges und Unsinniges der deutschen Gegenwartssprache, Niedernhausen/Ts. 1993

Grewendorf, G.: Sprache als Organ - Sprache als Lebensform, Frankfurt/M. 1995

Hartig, M./Kurz, U.: Sprache als soziale Kontrolle. Neue Ansätze zur Soziolinguistik, ²1971

Heinemann, M.: Kleines Wörterbuch der Jugendsprache, Leipzig 1989

Henne, H.: Jugend und ihre Sprache. Darstellungen, Materialien, Kritik, Berlin 1986

Herrath, F.: Sexualität und Sprache. Aus: Dunde, S. R. (Hrsg.): Handbuch Sexualität, Weinheim 1992, 253 - 256

Hunold, G.: Sexualität in der Sprache. Lexikon des obszönen Wortschatzes, München 1978

Jelinek, E.: Lust, Reinbek 1992

Keller, R.: Sprachwandel. Von der unsichtbaren Hand in der Sprache, Tübingen ²1994

Keller, R. E.: Die deutsche Sprache und ihre historische Entwicklung, Hamburg ²1995

Kentler, H.: Taschenlexikon Sexualität, Düsseldorf 1982

Kluge, F.: Etymologisches Wörterbuch der deutschen Sprache, Berlin ²³1995

Kluge, N.: Die Sexualsprache in Jugendbroschüren. Beobachtungen anhand zweier Neuerscheinungen. In: Sexuologie 1. Jg. (1994) 159 - 165

Kluge, N.: Die gegenwärtige Sexualsprache der Jugendlichen. Erkenntnisse einer Repräsentativbefragung in Deutschland. Aus: derselbe (Hrsg.): Jugendliche Sexualsprache - eine gesellschaftliche Provokation, Landau 1996, 35 - 67

Kluge, N.: Wie und wo reden deutsche Teenager über Sex? Erkenntnisse einer deutschen Studie. In: ide. Informationen zur Deutschdidaktik, 20. Jg. (1996), H. 2, 45 - 58

Kluge, N.: Das sexuelle Sprachproblem und die Möglichkeiten seiner Bewältigung in der Kommunikation mit Grundschülerinnen und Grundschülern. Aus: derselbe (Hrsg.): Sexualunterricht in der Grundschule, Bad Heilbrunn 1997, 33-44

Kluge, N. (Hrsg.): Jugendliche Sexualsprache - eine gesellschaftliche Provokation, Landau 1996

König, W.: dtv - Atlas zur deutschen Sprache. Tafeln und Texte, München ¹¹1996

Küpper, H.: Wörterbuch der deutschen Umgangssprache, Bd. 1 - 6, Hamburg 1963 - 1970

Küpper, H.: Ponds, Wörterbuch der deutschen Umgangssprache, Stuttgart 1990

Lang, A.: Die Sprache der Sexualerziehung. Untersuchungen zur Sprache von Sexualkundebüchern, Düsseldorf 1981

LET'S TALK ABOUT SEX. Ein Sex-Heft für Jugendliche, hrsg. v. der Landeszentrale für Gesundheitsförderung in Rheinland-Pfalz e.V., Mainz 1993

Liebsch, H.: Der Tabuwortschatz ist nicht mehr tabu. Zum obszönen Wortschatz der Deutschen und seiner Verwendung im Alltag. Aus: Sommerfeldt, K. E. (Hrsg.): Sprache im Alltag, Frankfurt/M. 1994, 71 - 90

Loewit, K.: Die Sprache der Sexualität, Frankfurt/M. 1992

Müller, W.: Sexualität und Sprache. Aus: Sabo, P./Wanielik, R. (Hrsg.): LET'S TALK ABOUT SEX, Mainz 1994, 14 - 20

Müller, W.: Sexualität in der Sprache. Wort- und zeitgeschichtliche Betrachtungen. Aus: Kluge, N. (Hrsg.): Jugendliche Sexualsprache - eine gesellschaftliche Provokation, Landau 1996, 137 - 171

Müller, W.: Die schönste Sache der Welt. Über Sexualität sprechen und schweigen. In: ide. Informationen zur Deutschdidaktik, 20. Jg. (1996), H. 2, 31 - 44

Osthoff, R.: „Jugendsprache" - Sprache der Jugend? Semantische und pragmatische Aspekte von Sprechhandlungen. Aus: Kluge, N.(Hrsg.): Jugendliche Sexualsprache - eine gesellschaftliche Provokation, Landau 1996

Ott, U.: Sex für eine Mark. Der Duden soll Sprache so wiedergeben, wie sie gesprochen wird - doch in Sachen Erotik weist das deutsche Standard-Wörterbuch erstaunliche Lücken auf. In: Die Woche v. 6.6.1996, 29

Rastner, E. M. (Hrsg.): Thema Sprache und Sexualität. In: ide. Zeitschrift für den Deutschunterricht in Wissenschaft und Schule, 20. Jg. (1996), H. 2

Sabo, P./Wanielik, R. (Hrsg.): „LET'S TALK ABOUT SEX". Eine sexualpädagogische Schrift als Streitobjekt, Mainz 1994

Schank, G./Schoenthal, G.: Gesprochene Sprache. Eine Einführung in Forschungsansätze und Analysemethoden, Tübingen 1976

Schwarze, Ch./Wunderlich, D. (Hrsg.): Handbuch der Lexikologie. Königstein/Ts. 1985

Serébrennikow, B. A. u.a.: Allgemeine Sprachwissenschaft, Bd. 1 - 3, Berlin ^{2}1975/76

Skinner, J.: Prolegomena zu einem Wörterbuch des Homosexuellen. In: Forum Homosexualität und Literatur, 23/1995, 99 - 116

Strauß, G. u.a.: Brisante Wörter von Agitation - Zeitgeist. Ein Lexikon zum öffentlichen Sprachgebrauch, Berlin 1989

Trabant, J. (Hrsg.): Sprache denken. Positionen aktueller Sprachphilosophie, Frankfurt/M. 1995

Trömel-Plötz, S.: Frauensprache - Sprache der Veränderung, Frankfurt/M. 1982

Wenzel, R. (Hrsg.): Sprache und Sexualität, Frankfurt/M. 1975

Zimmer, D. E.: RedensArten. Über Trends und Tollheiten im neudeutschen Sprachgebrauch, Zürich 1986

Zimmer, D. E.: So kommt der Mensch zur Sprache. Über Spracherwerb, Sprachentstehung und Sprache & Denken, Zürich 1986

Verzeichnis der Sexualwörter

Arsch	128
Bohne	20, 26, 37, 56, 60, 72, 92, 96, 100
bumsen	20, 26, 37, 72, 77, 89, 90, 92, 93, 94, 96, 102, 103, 104, 119, 128
Düse	20, 26, 37, 88, 95, 96, 102
Eier	20, 26, 37, 72, 77, 89, 90, 91, 93, 94, 95, 96, 102, 103, 105, 118, 128
ficken	20, 26, 37, 56, 59, 72, 90, 91, 92, 93, 96, 98, 99, 100, 119, 128
Geschlechtsverkehr	7
Glied	8, 15, 16, 20, 33, 48, 51, 58, 59, 89, 90, 91, 93, 94, 96, 97, 98, 99, 107, 118, 122, 123, 125
Hoden	20, 33, 72, 77, 89, 90, 91, 93, 94, 96, 102, 103, 104, 108, 109, 118, 122
Hodensack	16, 20, 33, 56, 61, 67, 89, 91, 92, 93, 96, 100, 101, 106, 108, 118, 122, 125
Hodensäckchen	16
jemandem beiwohnen	8
Kitzler	20, 33, 56, 57, 60, 63, 72, 88, 89, 91, 92, 93, 94, 95, 96, 100, 101, 106, 108, 117, 122, 125
Klitoris	20, 39, 57, 60, 63, 72, 88, 89, 91, 93, 94, 95, 96, 100, 101, 117, 125
kohabitieren	20, 39, 88, 95, 96, 99
koitieren	20, 39, 88, 95, 96, 100, 101
Koitus	15
Kondom	128
Liebe machen	20, 33, 72, 77, 90, 93, 96, 102, 103, 108, 118, 122
miteinander ins Bett gehen	7, 20, 33, 56, 61, 89, 92, 93, 96, 100, 101, 108, 118, 119, 122

miteinander schlafen	7, 15, 20, 33, 56, 58, 59, 90, 91, 92, 93, 94, 96, 98, 99, 100, 107, 118, 119, 122, 123
Möse	20, 26, 37, 56, 59, 72, 77, 90, 92, 95, 96, 97, 98, 99, 100, 128
Muschi	16
Penis	15, 20, 39, 48, 51, 59, 89, 90, 91, 92, 93, 94, 95, 96, 97, 98, 99, 100, 107, 118, 125
Pillemann	16
Sack	20, 26, 37, 56, 61, 67, 72, 89, 91, 92, 93, 96, 100, 101, 102, 106, 108, 118, 122, 125
Scham	20, 33, 67, 77, 89, 90, 91, 92, 93, 94, 95, 96, 102, 103, 108, 109, 117, 122
Scheide	8, 15, 20, 33, 58, 77, 89, 90, 92, 93, 96, 97, 98, 99, 107, 117, 122, 125
Schwanz	20, 26, 37, 56, 59, 72, 90, 92, 96, 97, 99, 100, 118, 128
Sexualakt	15, 20, 39, 72, 77, 90, 95, 96, 102, 103, 104, 109, 118, 125
Skrotum	20, 39, 88, 67, 95, 96, 100, 101
Testes	20, 39, 88, 95, 96, 102, 103
Titten	128
Vagina	15, 20, 39, 77, 89, 90, 93, 96, 97, 98, 99, 100, 107, 117, 125
vögeln	20, 26, 37, 56, 61, 72, 89, 92, 93, 96, 100, 101, 102, 119
Vulva	20, 39, 77, 89, 90, 92, 93, 94, 95, 96, 102, 103, 109, 117